Das Übungsheft 1/2

Sachrechnen · Mathematik

Nina Simon · Hendrik Simon

Name: ___ _____

Klasse: ___

Quellenverzeichnis
S. 13: Fliege © Ruslan Kokarev – Fotolia.com

Bestell-Nr. 1504-53 · ISBN 978-3-619-15453-1
© 2019 Mildenberger Verlag GmbH, 77610 Offenburg
www.mildenberger-verlag.de
E-Mail: info@mildenberger-verlag.de
Auflage 4 3 2 1
Jahr 2022 2021 2020 2019

Redaktion: Sebastian Tonner
Illustrationen: tiff.any GmbH, Berlin/Mario Kuchinke-Hofer, Miriam Fritz
Layoutkonzeption: tiff.any GmbH, Berlin
Gestaltung und Satz: tiff.any GmbH, Berlin
Druck: AZ Druck und Datentechnik GmbH, 87437 Kempten

 **1** Ordne. Klebe ein.

a)

b)

 **2** Ordne. Klebe ein.

Seriation – zunehmende und abnehmende Mengen erkennen und ordnen

 **1** Ordne. Klebe ein.

a)

b)

c)

 **2** Ordne. Klebe ein.

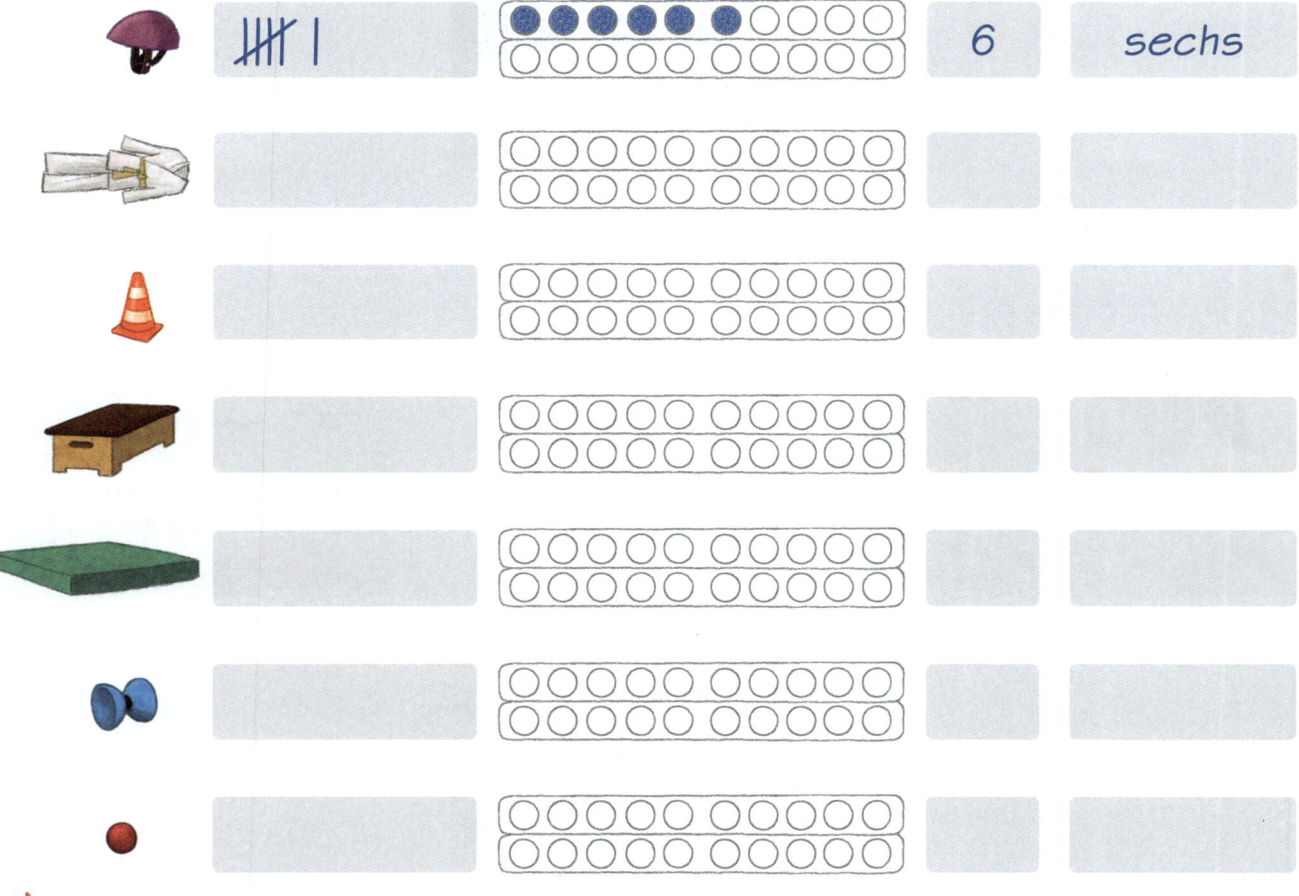

Anzahlen identifizieren und auf verschiedene Arten darstellen

Finde die 8 Fehler. Kreise unten ein.

1 Spiele nach. Zeichne in den leeren Beutel oder in die Hand.

a)

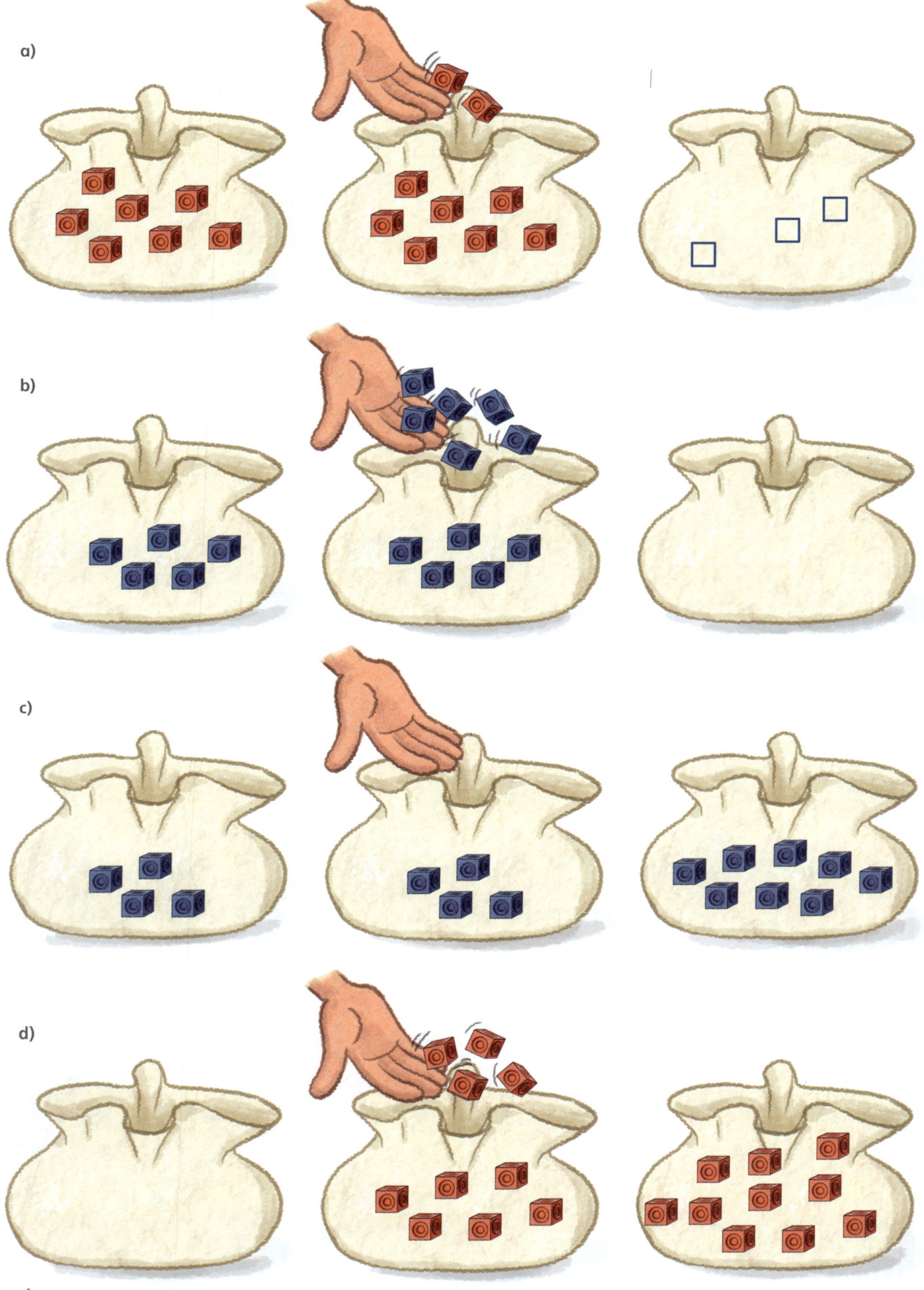

b)

c)

d)

Handlungsabläufe zur Addition kennenlernen und nachspielen

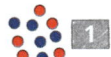

a)

b)

c)

d)

 **1** Male an.

a)

b)

c)

 2 Male an.

a) **b)** **c)**

Additionssituationen im Bild identifizieren

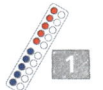 **1** Male an und streiche durch.

a)

b)

c)

2 Male an und streiche durch.

a)

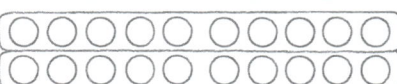

b)

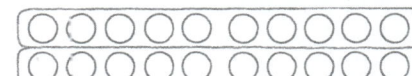

c)

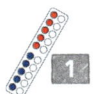 **1** Zeichne, male an und rechne.

a)

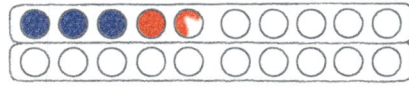 3 + 7 = ▢

b)

14 − 6 = ▢

c)

6 + 6 = ▢

Aufgaben zeichnerisch darstellen und lösen

1 Male an.

a)

| | | | | | | | | | | | | | | | | | 4 |

| | | | | | | | | | | | | | | | | | |

| | | | | | | | | | | | | | | | | | |

| | | | | | | | | | | | | | | | | | |

b)

| | | | | | | | | | | | | | | | | | |

| | | | | | | | | | | | | | | | | | |

1 Verbinde.

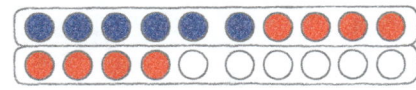

$10 + 4 = 14$

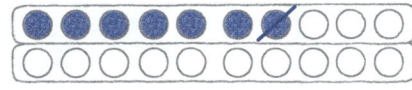

$6 + 8 = 14$

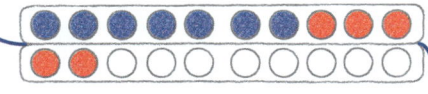

$9 - 3 = 6$

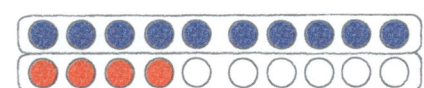

$7 + 5 = 12$

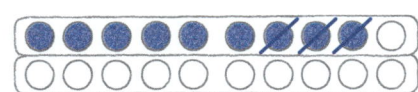

$7 - 1 = 6$

Unterschiedliche Darstellungen von Rechensituationen zuordnen

1 Male dazu oder streiche durch. Rechne.

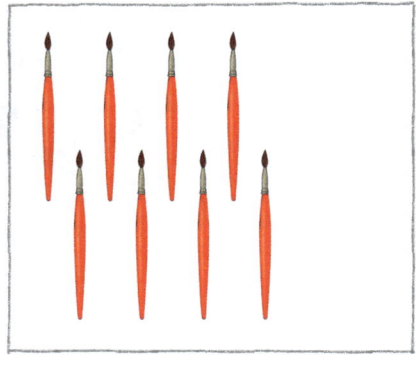

2 + 5 = ▢

8 + 4 = ▢

5 + 5 = ▢

10 − 6 = ▢

14 − 3 = ▢

12 − 8 = ▢

 2 Male dazu oder streiche durch. Rechne.

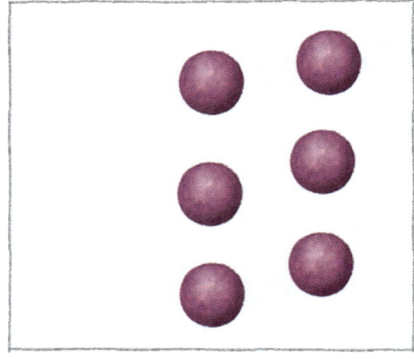

▢ + 6 = 9

8 + ▢ = 11

13 − ▢ = 6

1 Welche Skizzen passen? Kreuze an.

a) 8 Kinder sind schon da.
3 Kinder kommen dazu.

Wie viele Kinder sind es zusammen?

☐

☐

☐

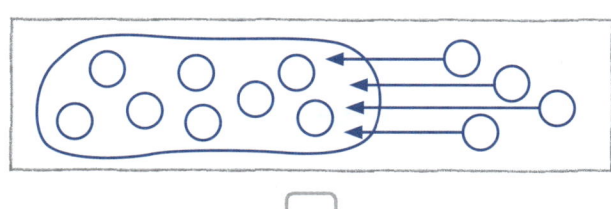

☐

Es sind zusammen ▢ Kinder.

b) 14 Kinder haben Fußball gespielt.
5 Kinder gehen weg.

Wie viele Kinder bleiben übrig?

☐

☐

☐

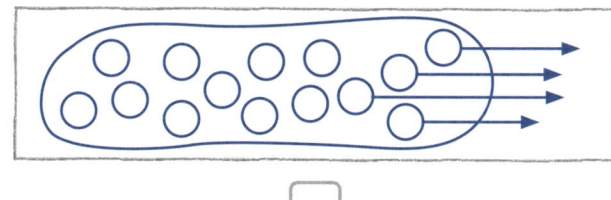

☐

Es bleiben ▢ Kinder übrig.

Passende Lösungswege identifizieren

1 Löse mithilfe einer Skizze.

a) 12 Kinder sind schon da.
5 Kinder kommen dazu.

Wie viele Kinder sind es zusammen?

Skizze:

Es sind zusammen ☐ Kinder.

b) 11 Kinder saßen auf dem Baum.
4 Kinder klettern herunter.

Wie viele Kinder bleiben übrig?

Skizze:

Es bleiben ☐ Kinder übrig.

2 Schreibe zu jeder Skizze die passende Aufgabe.

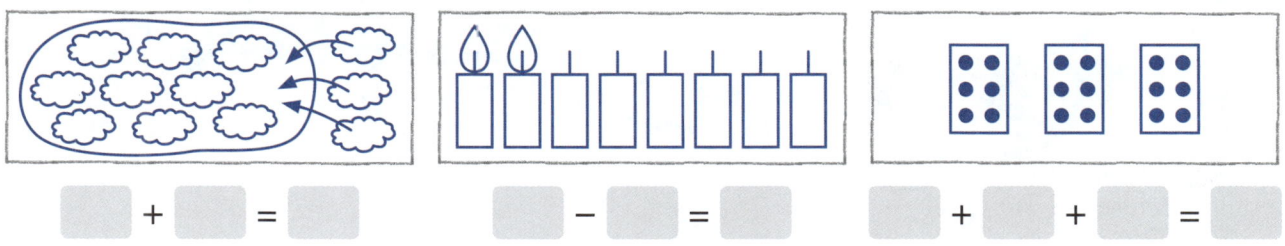

☐ + ☐ = ☐   ☐ – ☐ = ☐   ☐ + ☐ + ☐ = ☐

Fragen beurteilen / Aussagen mithilfe eines Bildes überprüfen bzw. ergänzen

1 Welche Fragen kannst du beantworten? Kreuze an.

Wie viele Kinder stehen an der Rutsche ?	Wie viele Ringe liegen im Wasser?
☐	☐

Wie alt ist der Junge mit der blauen Badehose ?	Wie viel kosten 3 Würstchen ?
☐	☐

Wie heißt der Bademeister ?	Wie viel kostet der Eintritt?
☐	☐

2 Welche Aussagen sind richtig? Kreuze an.

Zwei Kugeln Eis kosten 2 €. ☐

Der Sprungturm ist 5 Meter hoch. ☐

6 Kinder benötigen 14 Schwimmflossen. ☐

Es ist schon 20 Uhr. ☐

3 Ergänze.

a) Mia kauft zwei Kugeln Eis . Sie bekommt [ ] Euro zurück.

b) Jonas steht als Letzter an der Rutsche an .
[ ] Kinder stehen noch vor ihm an.

c) Maja muss um 18 Uhr nach Hause gehen. Sie kann noch [ ] Stunden bleiben.

1 Lege nach.

a) Lola hat 4 Murmeln.
Tom schenkt ihr 5 dazu.
Lola hat jetzt ⬜ Murmeln.

b) Mark hat 8 Murmeln.
Er schenkt Ella 3 davon.
Mark hat jetzt ⬜ Murmeln.

c) Mira hat 6 Murmeln.
Ben schenkt ihr ein paar Murmeln.
Jetzt hat sie 12 Murmeln.
Ben hat ihr ⬜ Murmeln geschenkt.

d) Tim hat 12 Murmeln. Er schenkt
Maja einige Murmeln. Jetzt hat er
nur noch 8 Murmeln. Tim hat ihr
⬜ Murmeln geschenkt.

2 6 Dinge sind unten dazugekommen. Kreise ein.

Kurze Wortgeschichten verstehen und lösen / Veränderungen im Bild erkennen

1 Lege nach.

a) Sofia hat 7 Autos.
Ali hat 5 Autos.
Sie haben zusammen ⬜ Autos.

b) Sarim und Ada haben zusammen
14 Autos.
9 Autos gehören Sarim.
Ada hat ⬜ Autos.

c) Otto hat 9 Autos.
Bea hat 5 Autos.
Otto hat ⬜ Autos mehr als Bea.

d) Ida hat 11 Autos.
Felix hat 8 Autos.
Felix hat ⬜ Autos weniger als Ida.

2 6 Dinge fehlen unten. Kreise ein.

1 Finde die passende Frage, den Lösungsweg und die Antwort.

Male die richtigen Kärtchen aus.

a) 6 Kinder sind schon im Museum. 8 Kinder kommen noch dazu.

Wann beginnt die Führung im Museum?	Wie viele Kinder besuchen das Museum?	Wie lange dauert die Führung im Museum?

6 + 8 = 14	14 − 8 = 6	14 + 1 = 15

Es sind 22 Besucher im Museum.	Die nächste Führung beginnt um 12 Uhr.	14 Kinder besuchen das Museum.

b) Es sind 16 Fische.
8 Fische sollen in den Eimer.

Wie viele Fische bleiben in dem Glas?	Wie viel Wasser ist in dem Eimer?	Wie alt sind Lenas Fische?

12 + 4 = 16	12 − 1 = 11	16 − 8 = 8

Lena hat insgesamt 16 Fische.	Es bleiben 8 Fische in dem Glas.	Ein Fisch kostet 8 €.

Sachaufgaben zusammenstellen (Frage – Lösungsweg – Antwort)

1 Schreibe zu jeder Aufgabe die Frage, den Lösungsweg und die Antwort.

a) Leo backt Kekse.
13 Kekse sind schon fertig. 7 Kekse sind noch im Ofen.

Frage: *Wie viele Kekse*

_____

Lösungsweg:

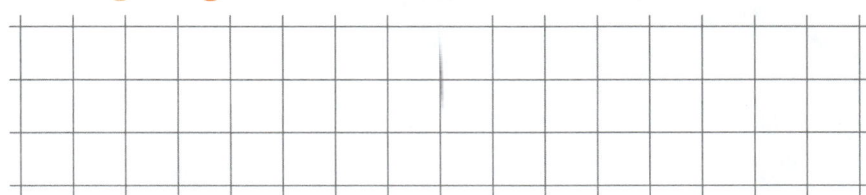

Antwort: *Es sind insgesamt*

b) Es waren 20 Kekse.
Oma und Leo haben zusammen 6 Kekse gegessen.

Frage: *Wie viele Kekse*

_____

Lösungsweg:

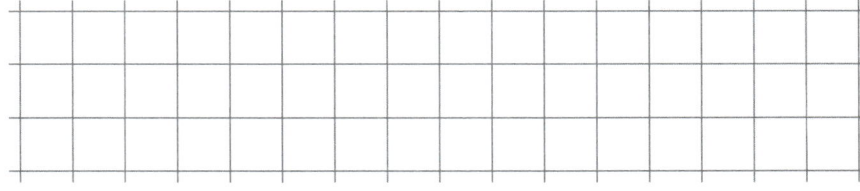

Antwort: _____

2 Notiere die Frage.
Von den 6 Keksen hat Oma 2 Kekse gegessen.

Frage: _____

Lösungsweg: | 2 | + | | = | 6 |

Antwort: Leo hat 4 Kekse von den 6 Keksen gegessen.

1 Ergänze die Fragen zum Bild.

Wie viele Kinder spielen _____ ?

Wie viel kostet _____ ?

Wie viele Mädchen _____ ?

Welche Haarfarbe hat _____ ?

2 Finde 4 eigene Fragen zum Bild.

_____

_____

_____

_____

_____

_____

1 Schreibe zu jedem Bild eine passende Aufgabe.

a) _Lea fährt Rollschuh._

Sie fährt um 15 Hütchen herum.

3 Hütchen sind

F: _Wie viele Hütchen_

L:

A:

b) _Max macht Hausaufgaben._

Er hat schon 16 Aufgaben gerechnet.

Er muss noch 4 Auf

F:

L:

A:

1 Die Kinder der Klasse 2c haben notiert, welche Sportarten sie machen.

a) Ergänze die Tabelle passend zu der Strichliste.

Tanzen	卌
Fußball	卌 I
Judo	IIII
Schwimmen	卌 卌 I
Tennis	II
Hockey	III
Reiten	I
keinen Sport	III

Tanzen	5
Fußball	
Judo	
Schwimmen	
Tennis	
Hockey	
Reiten	
keinen Sport	

b) Zeichne ein passendes Balkendiagramm zu der Tabelle.

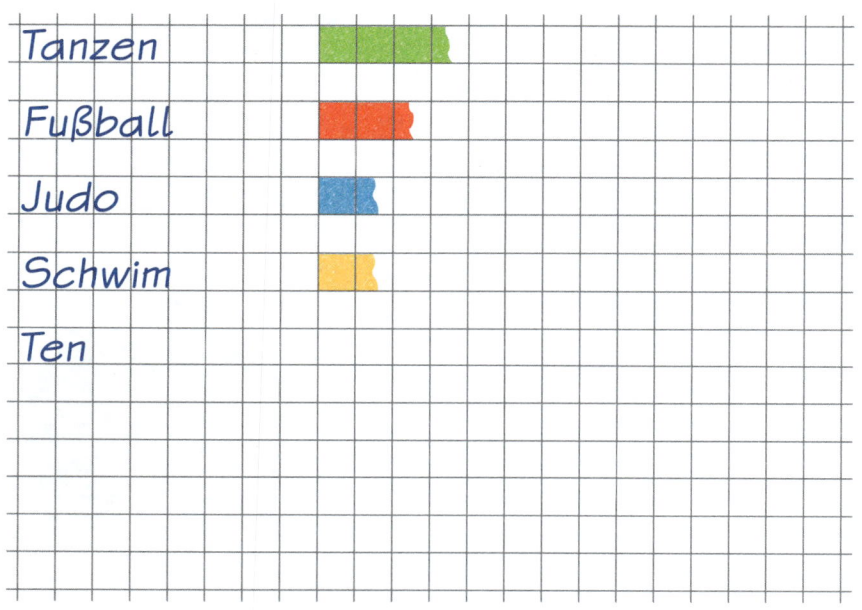

c) Welche Sportart machen die meisten Kinder aus der Klasse 2c?

Die meisten Kinder _____.

d) Wie viele Kinder machen keinen Sport? [ ] Kinder machen keinen Sport.

e) Welchen Sport machen genau 4 Kinder? _____ machen genau 4 Kinder.

f) 6 Kinder der Klasse 2c machen jeweils zwei Sportarten.

Wie viele Kinder sind in der Klasse 2c? Es sind [ ] Kinder in der Klasse 2c.

Das Übungsheft Sachrechnen Mathematik 1/2 – Lösungen (Seite 2–5)

1 Ordne. Klebe ein.
a)
b)
c)

1 Ordne. Klebe ein.
a) 
b) 
c)

2 Ordne. Klebe ein.

2 Ordne. Klebe ein.

Seriation – zunehmende und abnehmende Mengen erkennen und ordnen
Seriation – zunehmende und abnehmende Mengen erkennen und ordnen

1 Zähle.

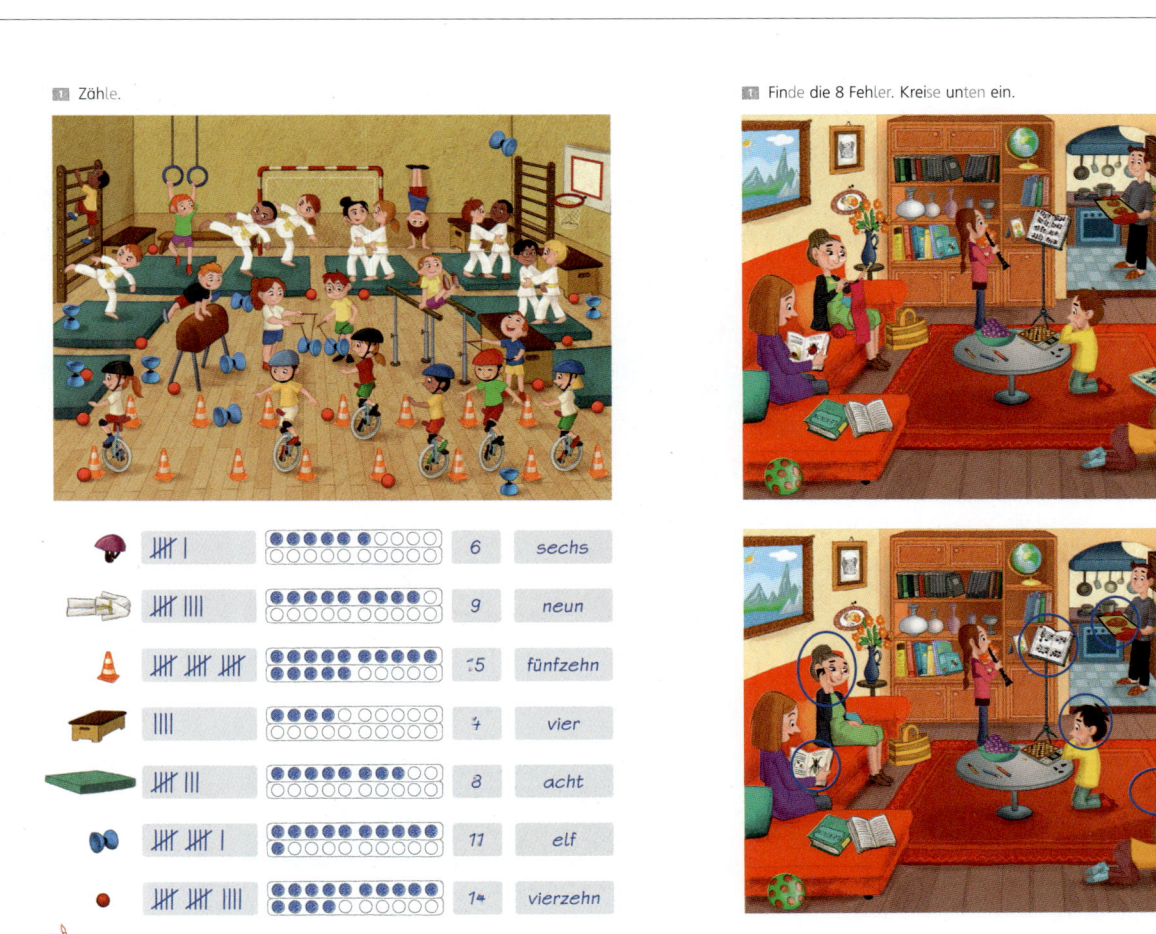

⫙I		6	sechs
⫙ IIII		9	neun
⫙ ⫙ ⫙		15	fünfzehn
IIII		4	vier
⫙ III		8	acht
⫙ ⫙ I		11	elf
⫙ ⫙ IIII		14	vierzehn

1 Finde die 8 Fehler. Kreise unten ein.

Anzahlen identifizieren und auf verschiedene Arten darstellen
Unterschiede im Bild wahrnehmen

1 Spiele nach. Zeichne in den leeren Beutel oder in die Hand.

a)

b)

c)

d)

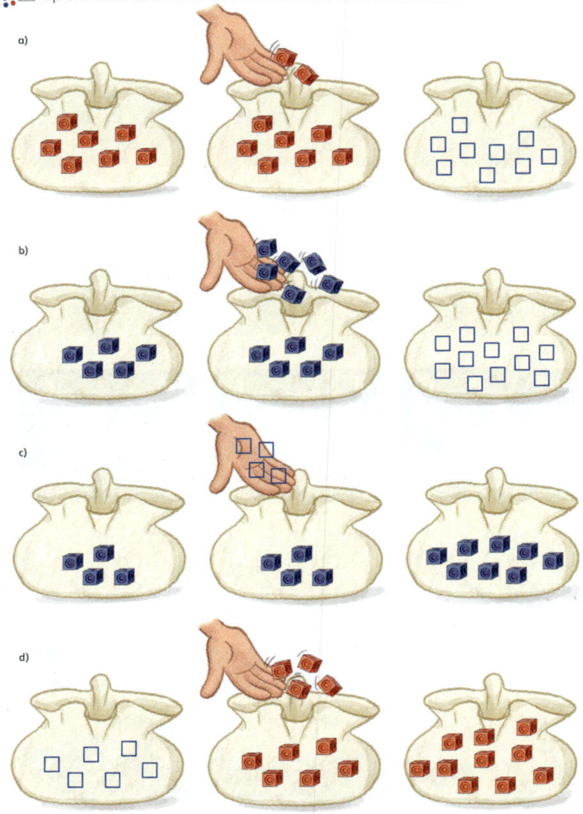

Handlungsabläufe zur Addition kennenlernen und nachspielen

1 Spiele nach. Zeichne in den leeren Beutel oder in die Hand.

a)

b)

c)

d)

Handlungsabläufe zur Subtraktion kennenlernen und nachspielen

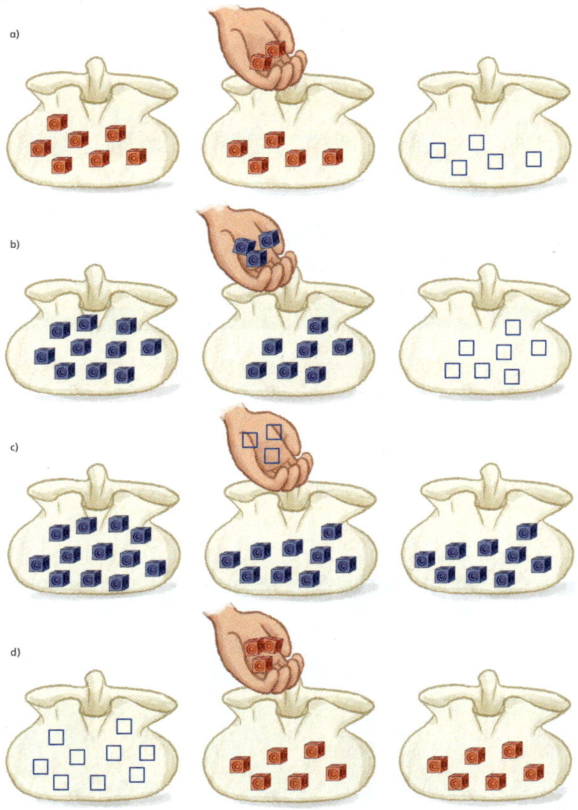

1 Male an.

a)

b)

c)

2 Male an.

a)

b)

c)

Additionssituationen im Bild identifizieren

1 Male an und streiche durch.

a)

b)

c)

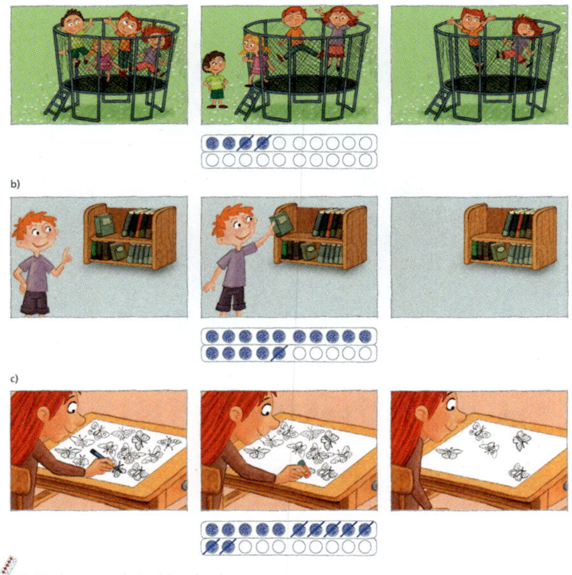

2 Male an und streiche durch.

a)

b)

c)

Subtraktionssituationen im Bild identifizieren

Seite 10

1 Zeichne, male an und rechne.

a)

3 + 7 = 10

b)

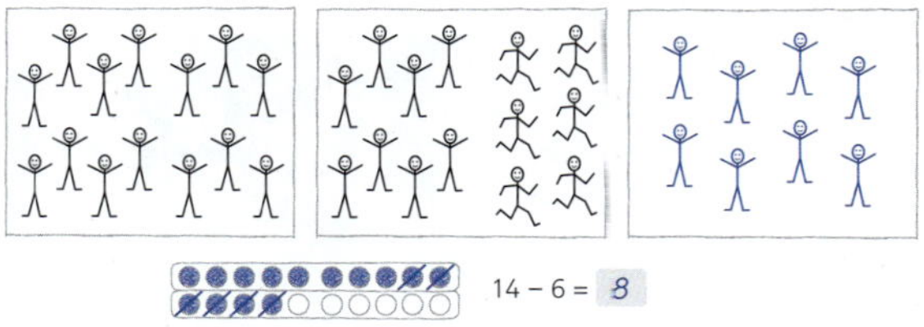

14 – 6 = 8

c)

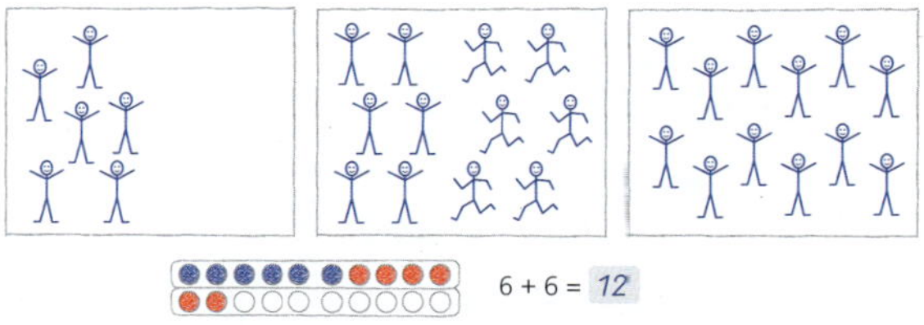

6 + 6 = 12

Seite 11

1 Male an.

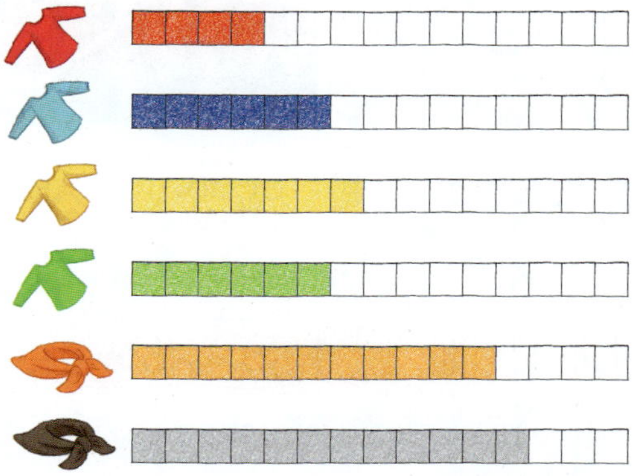

a)
4

6

7

6

b)
11

12

Seite 12

1 Verbinde.

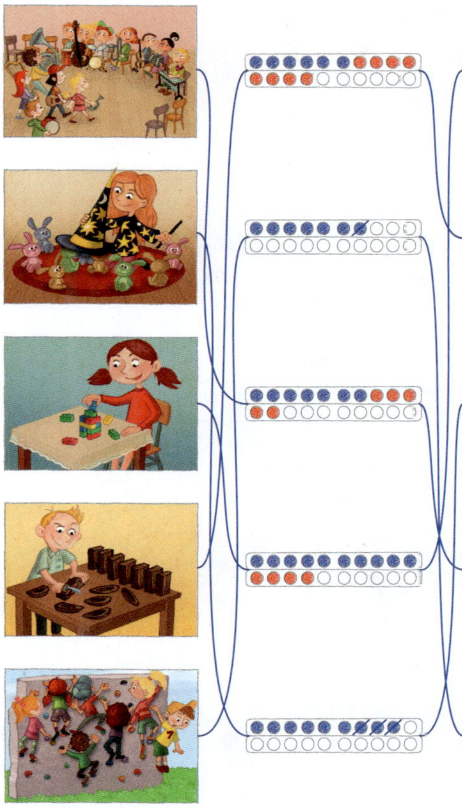

10 + 4 = 14

6 + 8 = 14

9 – 3 = 6

7 + 5 = 12

7 – 1 = 6

Seite 13

1 Male dazu oder streiche durch. Rechne.

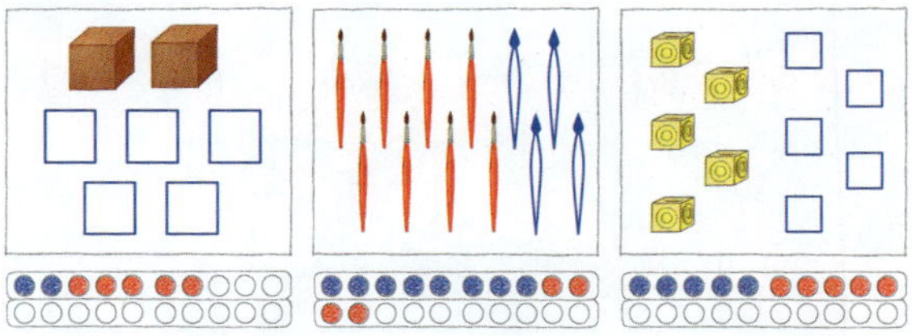

2 + 5 = 7   8 + 4 = 12   5 + 5 = 10

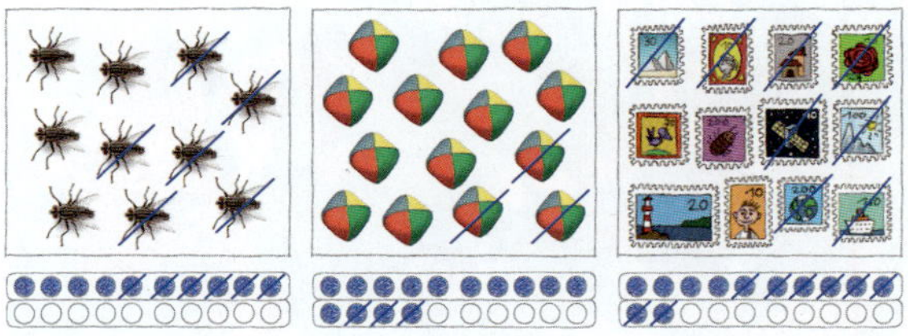

10 – 6 = 4   14 – 3 = 11   12 – 8 = 4

2 Male dazu oder streiche durch. Rechne.

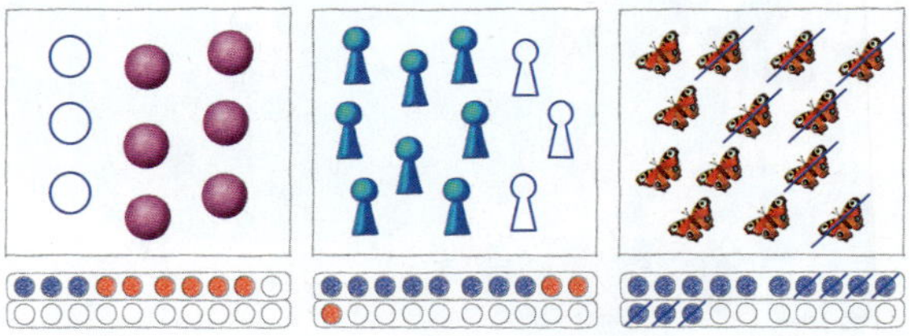

3 + 6 = 9   8 + 3 = 11   13 – 7 = 6

Das Übungsheft Sachrechnen Mathematik 1/2 – Lösungen (Seite 14–17)

1 Welche Skizzen passen? Kreuze an.

a) 8 Kinder sind schon da.
3 Kinder kommen dazu.

Wie viele Kinder sind es zusammen?

☐   ☒

☒   ☐

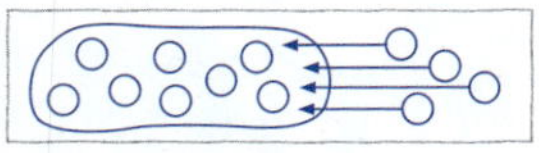

Es sind zusammen *11* Kinder.

b) 14 Kinder haben Fußball gespielt.
5 Kinder gehen weg.

Wie viele Kinder bleiben übrig?

☒   ☐

☒   ☐

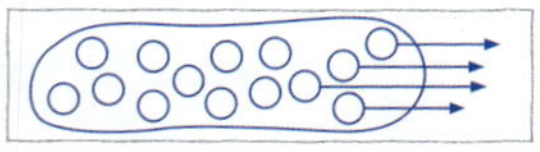

Es bleiben *9* Kinder übrig.

1 Löse mithilfe einer Skizze.

a) 12 Kinder sind schon da.
5 Kinder kommen dazu.

Wie viele Kinder sind es zusammen?

* Skizze:

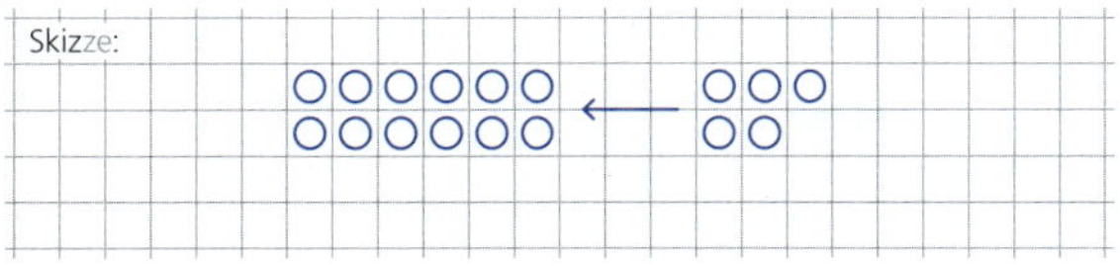

Es sind zusammen *17* Kinder.

b) 11 Kinder saßen auf dem Baum.
4 Kinder klettern herunter.

Wie viele Kinder bleiben übrig?

* Skizze:

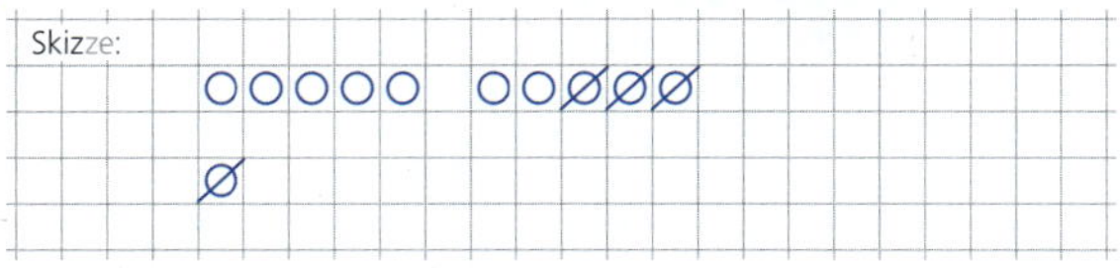

Es bleiben *7* Kinder übrig.

2 Schreibe zu jeder Skizze die passende Aufgabe.

9 + *3* = *12* 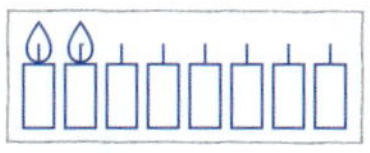   *8* – *6* = *2*    *6* + *6* + *6* = *18*

1 Welche Fragen kannst du beantworten? Kreuze an.

Wie viele Kinder stehen an der Rutsche ? ☒

Wie viele Ringe liegen im Wasser? ☒

Wie alt ist der Junge mit der blauen Badehose ? ☐

Wie viel kosten 3 Würstchen ? ☒

Wie heißt der Bademeister ? ☐

Wie viel kostet der Eintritt? ☐

2 Welche Aussagen sind richtig? Kreuze an.

Zwei Kugeln Eis kosten 2 €. ☒

Der Sprungturm ist 5 Meter hoch. ☐

6 Kinder benötigen 14 Schwimmflossen ☐

Es ist schon 20 Uhr. ☐

3 Ergänze.

a) Mia kauft zwei Kugeln Eis . Sie bekommt *3* Euro zurück.

b) Jonas steht als Letzter an der Rutsche an . *4* Kinder stehen noch vor ihm an.

c) Maja muss um 18 Uhr nach Hause gehen. Sie kann noch *3* Stunden bleiben.

1 Lege nach.

a) Lola hat 4 Murmeln.
Tom schenkt ihr 5 dazu.
Lola hat jetzt 9 Murmeln.

b) Mark hat 8 Murmeln.
Er schenkt Ella 3 davon.
Mark hat jetzt 5 Murmeln.

c) Mira hat 6 Murmeln.
Ben schenkt ihr ein paar Murmeln.
Jetzt hat sie 12 Murmeln.
Ben hat ihr 6 Murmeln geschenkt.

d) Tim hat 12 Murmeln. Er schenkt
Maja einige Murmeln. Jetzt hat er
nur noch 8 Murmeln. Tim hat ihr
4 Murmeln geschenkt.

2 6 Dinge sind unten dazugekommen. Kreise ein.

1 Lege nach.

a) Sofia hat 7 Autos.
Ali hat 5 Autos.
Sie haben zusammen 12 Autos.

b) Sarim und Ada haben zusammen
14 Autos.
9 Autos gehören Sarim.
Ada hat 5 Autos.

c) Otto hat 9 Autos.
Bea hat 5 Autos.
Otto hat 4 Autos mehr als Bea.

d) Ida hat 11 Autos.
Felix hat 8 Autos.
Felix hat 3 Autos weniger als Ida.

2 6 Dinge fehlen unten. Kreise ein.

---

1 Finde die passende Frage, den Lösungsweg und die Antwort.
Male die richtigen Kärtchen aus.

a) 6 Kinder sind schon im Museum. 8 Kinder kommen noch dazu.

Wann beginnt die Führung im Museum?	Wie viele Kinder besuchen das Museum?	Wie lange dauert die Führung im Museum?

6 + 8 = 14	14 – 8 = 6	14 + 1 = 15

Es sind 22 Besucher im Museum.	Die nächste Führung beginnt um 12 Uhr.	14 Kinder besuchen das Museum.

b) Es sind 16 Fische.
8 Fische sollen in den Eimer.

Wie viele Fische bleiben in dem Glas?	Wie viel Wasser ist in dem Eimer?	Wie alt sind Lenas Fische?

12 + 4 = 16	12 – 1 = 11	16 – 8 = 8

Lena hat insgesamt 16 Fische.	Es bleiben 8 Fische in dem Glas.	Ein Fisch kostet 8 €.

1 Schreibe zu jeder Aufgabe die Frage, den Lösungsweg und die Antwort.

a) Leo backt Kekse.
13 Kekse sind schon fertig. 7 Kekse sind noch im Ofen.

Frage: *Wie viele Kekse sind es insgesamt?*

* Lösungsweg:

$$13 + 7 = 20$$

Antwort: *Es sind insgesamt 20 Kekse.*

b) Es waren 20 Kekse.
Oma und Leo haben zusammen 6 Kekse gegessen.

Frage: *Wie viele Kekse bleiben übrig?*

* Lösungsweg:

Antwort: *Es bleiben 14 Kekse übrig.*

2 Notiere die Frage.
Von den 6 Keksen hat Oma 2 Kekse gegessen.

Frage: *Wie viele Kekse hat Leo gegessen?*

Lösungsweg: 2 + 4 = 6

Antwort: Leo hat 4 Kekse von den 6 Keksen gegessen.

* **1** Ergänze die Fragen zum Bild.

Wie viele Kinder spielen _Hüpfekästchen_ ?

Wie viel kostet _das Schmetterlingsbild_ ?

Wie viele Mädchen _spielen im Hof_ ?

Welche Haarfarbe hat _der Junge im Rollstuhl_ ?

* **2** Finde 4 eigene Fragen zum Bild.

Wie viele Kinder fahren Roller?

Wie viel kosten die Stelzen?

Wie viel bezahlt der Junge?

Auf welchen Zahlen steht das Mädchen?

1 Schreibe zu jedem Bild eine passende Aufgabe.

a) _Lea fährt Rollschuh._

Sie fährt um 15 Hütchen herum.

3 Hütchen sind umgekippt.

F: _Wie viele Hütchen stehen noch?_

* L: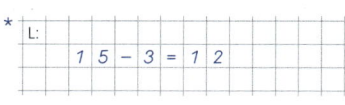

	1	5	−	3	=	1	2		

A: _Es stehen noch 12 Hütchen._

b) _Max macht Hausaufgaben._

Er hat schon 16 Aufgaben gerechnet.

Er muss noch 4 Aufgaben rechnen.

F: _Wie viele Aufgaben sind es insgesamt?_

* L: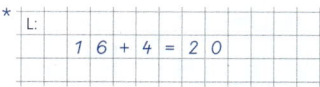

	1	6	+	4	=	2	0		

A: _Es sind insgesamt 20 Aufgaben._

* Beispiellösung: Andere Fragen sind möglich.   Informationen aus Bild entnehmen – Fragen finden   Sachaufgaben vervollständigen und lösen   * Beispiellösung: Der Lösungsweg ist individuell.

---

1 Die Kinder der Klasse 2c haben notiert, welche Sportarten sie machen.

a) Ergänze die Tabelle passend zu der Strichliste.

Tanzen	ⅢⅢ
Fußball	ⅢⅢ I
Judo	IIII
Schwimmen	ⅢⅢ ⅢⅢ I
Tennis	II
Hockey	III
Reiten	I
keinen Sport	III

Tanzen	5
Fußball	6
Judo	4
Schwimmen	11
Tennis	2
Hockey	3
Reiten	1
keinen Sport	3

b) Zeichne ein passendes Balkendiagramm zu der Tabelle.

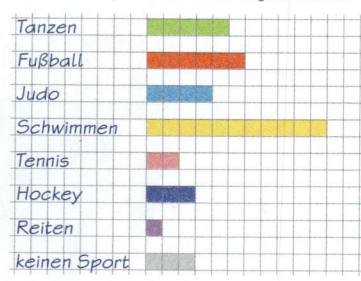

c) Welche Sportart machen die meisten Kinder aus der Klasse 2c?

Die meisten Kinder _schwimmen_ .

d) Wie viele Kinder machen keinen Sport? _3_ Kinder machen keinen Sport.

e) Welchen Sport machen genau 4 Kinder? _Judo_ machen genau 4 Kinder.

f) 6 Kinder der Klasse 2c machen jeweils zwei Sportarten.

Wie viele Kinder sind in der Klasse 2c? Es sind _29_ Kinder in der Klasse 2c.

1 Die Kinder der Klasse 2d haben in einem Balkendiagramm notiert, welche Haustiere sie haben.

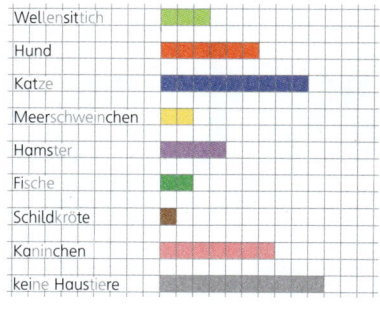

a) Ergänze die Strichliste passend zu dem Balkendiagramm.

Wellensittich	III
Hund	ⅢⅢ I
Katze	ⅢⅢ IIII
Meerschweinchen	II
Hamster	IIII
Fische	II
Schildkröte	I
Kaninchen	ⅢⅢ II
keine Haustiere	ⅢⅢ ⅢⅢ

b) Ergänze die Tabelle passend zu dem Balkendiagramm.

Haustier	Anzahl
Wellensittich	3
Hund	6
Katze	9
Meerschweinchen	2
Hamster	4
Fische	2
Schildkröte	1
Kaninchen	7
keine Haustiere	10

2 4 Kinder der Klasse 2d haben 3 Tierarten als Haustiere.
Ein Junge hat sogar 4 Tierarten. 8 Kinder haben 2 Tierarten als Haustier.
Wie viele Kinder sind in der Klasse 2d?

Es sind _25_ Kinder in der Klasse 2d.

Informationen aus Strichliste entnehmen und unterschiedlich darstellen   Informationen aus Diagramm entnehmen und unterschiedlich darstellen

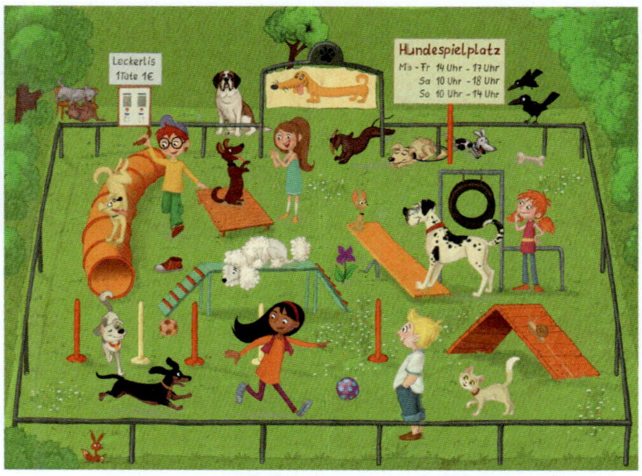

1 Welche Fragen kannst du sofort beantworten, ohne zu rechnen? Markiere ▮.

▮ Welches Tier sitzt auf dem Zaun?

☐ Wie viele Stunden hat der Hundeplatz in der Woche geöffnet?

▮ Welche Fellfarbe hat der Hund auf dem Laufsteg?

2 Welche Fragen kannst du mithilfe einer Rechnung beantworten? Markiere ▮.

☐ Seit wann ist Lisa mit Bello auf dem Hundeplatz?

▮ Wie viele Stunden hat der Hundeplatz am Wochenende geöffnet?

☐ Wie oft geht Paul in der Woche mit seinem Dackel auf den Hundeplatz?

3 Welche Fragen kannst du nicht beantworten? Markiere ▮.

▮ Wie lange sitzt Fido schon auf der Wippe?

☐ Was hält der Junge mit der Brille in seiner Hand?

▮ Wie viele Tüten Leckerlis wurden heute gekauft?

---

1 Trage in die Lücken ein. Die Kärtchen helfen dir.

a)

~~Eine~~   ~~12 Euro~~   ~~30 Euro~~   ~~acht~~   ~~zwei~~

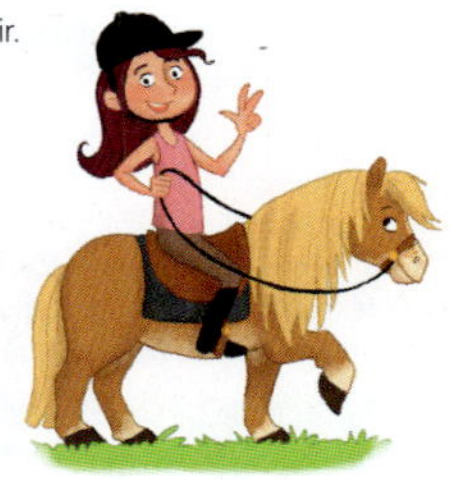

Mona hat Geburtstag. Sie wird __acht__ Jahre alt.

Von ihrem Opa bekommt sie __30 Euro__.

Davon bezahlt sie __zwei__ Reitstunden.

__Eine__ Reitstunde kostet __12 Euro__.

Das Restgeld steckt sie in ihre Spardose.

b)

~~zweimal~~   ~~dienstags~~   ~~17 Uhr~~   ~~jeden~~   ~~5 Jahre~~

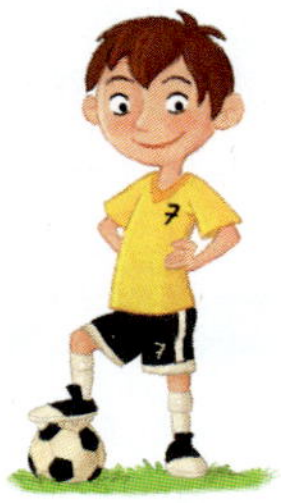

Leon spielt Fußball. Sein Training ist __dienstags__

und donnerstags von 15 Uhr bis __17 Uhr__.

Er trainiert __zweimal__ in der Woche.

Leon spielt schon Fußball, seit er __5 Jahre__ alt ist.

Am liebsten würde er __jeden__ Tag Fußball spielen.

---

1 Welches Bild passt zu der Aufgabe? Verbinde und notiere das Ergebnis.

Anna kauft 3 Packungen Buntstifte. In jeder Packung sind 12 Buntstifte.

Wie viele Buntstifte kauft sie insgesamt?

Sie kauft __36__ Buntstifte.

Lara spart für eine Gitarre. Sie hat schon 45 € gespart. Die Gitarre kostet 89 €.

Wie viel Euro fehlen ihr noch?

Es fehlen ihr noch __44__ €.

37 Kinder machen in der Theatergruppe mit. 19 Kinder hören nach den Ferien auf.

Wie viele Kinder bleiben nach den Ferien übrig?

Es bleiben __18__ Kinder nach den Ferien übrig.

42 Kinder werden bei den Pfadfindern in 6 Gruppen eingeteilt.

Wie viele Kinder kommen in eine Gruppe?

__7__ Kinder kommen in eine Gruppe.

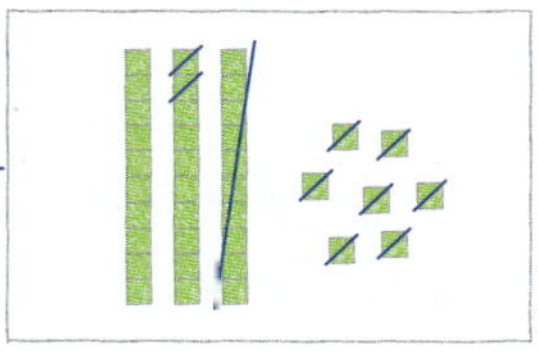

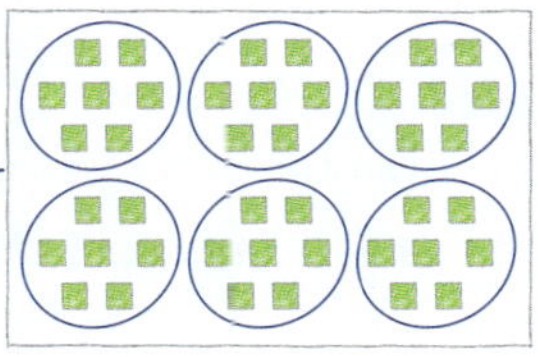

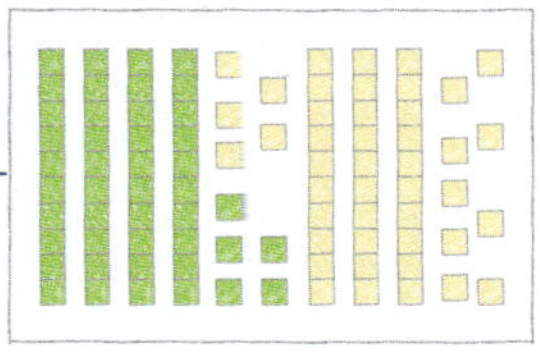

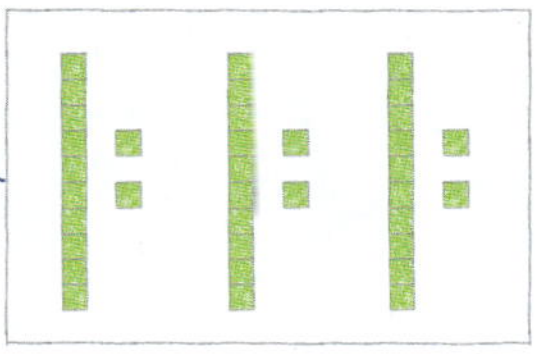

1 Löse die Aufgaben mit Material. Zeichne deine Lösung. Notiere die Antwort.

a) 66 Kinder möchten sich im Sportverein anmelden. Es gibt aber nur 45 freie Plätze.

Wie viele Kinder bekommen keinen Platz?

*

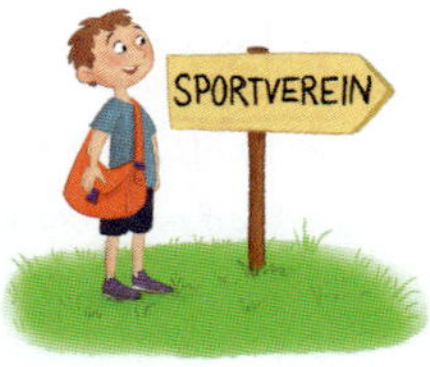

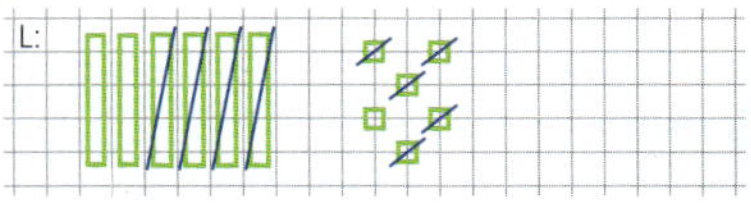

A: __21 Kinder bekommen keinen Platz.__

b) Maike hat einen Platz in der Turngruppe bekommen. Der Beitrag kostet im Monat 26 €.

Wie viel kostet der Beitrag für 3 Monate?

*

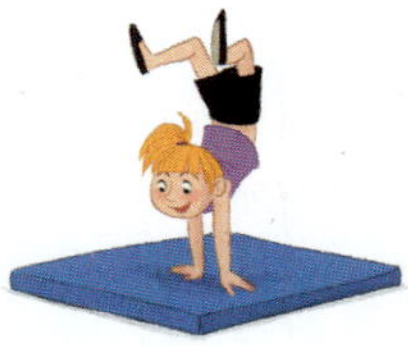

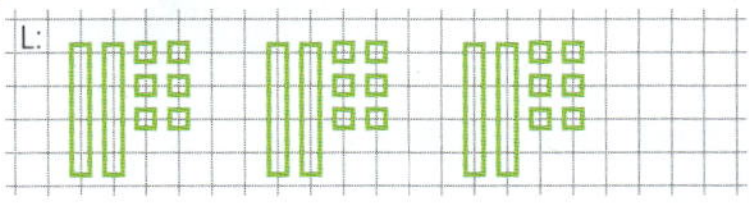

A: __Der Beitrag für 3 Monate kostet 78 €.__

c) Es werden drei neue Schwimmgruppen gebildet. 36 Kinder sollen gleichmäßig auf die 3 Gruppen verteilt werden.

Wie viele Kinder kommen in jede Schwimmgruppe?

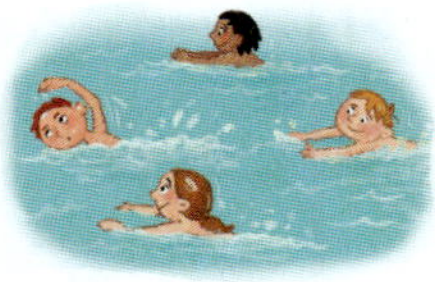

*

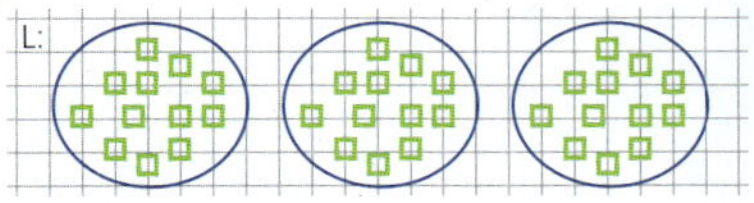

A: __Es kommen 12 Kinder in jede Gruppe.__

Das Übungsheft Sachrechnen Mathematik 1/2 – Lösungen (Seite 30–33)

1 Markiere Wichtiges in der entsprechenden Farbe.
Löse dann die Aufgabe.

Liam möchte einen Drachen bauen.
Er hat Holzstäbe, Kleber, Seidenpapier, Krepppapier
und Klebestreifen gekauft. Es hat 17 € gekostet.
Er hat auch eine Rolle mit 100 m Schnur für
7 € gekauft. Die Holzstäbe sind 75 cm lang.
Liam hat 5 Holzstäbe für insgesamt 9 € gekauft.

a) Liam hat die Dinge, die er für den Drachen braucht,
mit einem 50-Euro-Schein bezahlt. Wie viel Geld hat er zurückbekommen?

L:

17 € + 7 € = 24 €	50 € − 33 € = 17 €
24 € + 9 € = 33 €	50 € − 30 € = 20 €
	20 € − 3 € = 17 €

A: *Liam hat 17 € zurückbekommen.*

b) Liam möchte an seinem Drachen 35 m Schnur befestigen.
Wie viel Meter Schnur bleiben von der Rolle übrig?

L: 100 m − 35 m = 65 m
100 m − 30 m = 70 m
70 m − 5 m = 65 m

A: *Es bleiben 65 m Schnur übrig.*

c) Für den Drachen braucht Liam zwei Holzstäbe mit 30 cm Länge und einen
Holzstab mit 65 cm Länge.
Wie viele Holzstäbe mit 75 cm Länge braucht Liam dafür?

L: 30 cm + 30 cm = 60 cm ⟶ 1 Stab 75 cm
1 Stab mit 65 cm Länge ⟶ 1 Stab 75 cm

A: *Liam braucht dafür 2 Stäbe mit 75 cm Länge.*

Textverständnis – Informationen markieren

---

1 Kreuze die passende Frage an.
Notiere dann deinen Lösungsweg
und die Antwort.

Paul möchte im Kino einen Film
über Wale sehen.
Der Film beginnt um 14.30 Uhr
und endet um 16.15 Uhr.
Der Eintritt kostet je Person 9 €.
Paul lädt Emma in den Film ein.
Es sind auch andere Kinder da.

☐ Wie viele Eintrittskarten wurden insgesamt verkauft?
☐ Wie viel Geld wurde für den Film insgesamt eingenommen?
☐ Seit wann interessiert sich Paul für Wale?
☒ Wie lange dauert der Film über Wale?

L: +1 h +45 min
14.30 Uhr   15.30 Uhr   16.15 Uhr

A: *Der Film über Wale dauert 1 h 45 min.*

2 Finde die passende Frage. Ergänze die Lösung. Notiere die Antwort.

* F: *Wie viel bezahlt Paul für die beiden Kinokarten?*

L: 9 € + 9 € = 18 €

A: *Paul bezahlt 18 € für die beiden Kinokarten.*

Textverständnis – Fragen identifizieren   * Beispiellösung: Ähnliche Fragen sind möglich.

---

1 Schreibe die Aufgaben sinnvoll um. Löse sie.
Die Markierungen helfen dir.

a) Der Sportverein bekommt 6 Pakete mit jeweils
8 Melonen zugeschickt.

Der Sportverein bekommt 6 Pakete mit jeweils
8 Bällen zugeschickt.

Wie viele ___Bälle___ sind es insgesamt?

L: 6 · 8 = 48

Es sind insgesamt ___48 Bälle___.

b) Annas Hasen fressen am Tag 5 Lollis.

Annas Hasen fressen am Tag
5 Möhren.

Wie viele ___Möhren___ fressen sie in einer Woche?

L: 5 · 7 = 35

Sie fressen in einer Woche *35 Möhren*.

c) Leons Reitstunde kostet 16 €. Leons Mutter bezahlt
mit einer 50-Cent-Münze.

Leons Reitstunde kostet 16 €. Leons Mutter
bezahlt mit einem 50-Euro-Schein.

Wie viel ___Euro___ bekommt sie zurück?

L: 50 € − 16 € = 34 €
50 € − 10 € = 40 €
40 € − 6 € = 34 €

Sie bekommt ___34 Euro___ zurück.

Sachaufgaben sinnvoll umschreiben

---

1 Lara und Leo haben zusammen 36 Edelsteine.
Lara hat dreimal so viele Steine wie Leo.

Wie viele Steine hat jedes Kind?

L: 36 : 4 = ?   36 : 4 = 9
3 · 9
1 · 9

Lara hat 27 Steine und Leo hat 9 Steine.

2 Elias liest ein Buch mit 100 Seiten.

Wie oft kommt die Ziffer 8 in den Seitenzahlen vor?

L: 8 18 28 38 48 58 68 78 88 98
80 81 82 83 84 85 86 87 89
Bei der Zahl 88 kommt die
Ziffer 8 zweimal vor.

Die Ziffer 8 kommt insgesamt 20 -mal vor.

3 Eva zählt ihre Kuscheltiere. Sie hat Einhörner, Teddys und Hunde.
Ohne Hunde sind es 10 Tiere. Ohne Einhörner sind es 13 Tiere und ohne Teddys
sind es 9 Tiere.

Wie viele Kuscheltiere von jeder Art hat Eva?

L: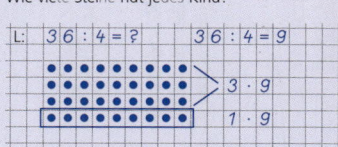

Eva hat 3 Einhörner, 6 Hunde und 7 Teddys.

Tipp: Ein Rechendreieck kann dir helfen!

Knobelseite: Problemlösen, Modellieren

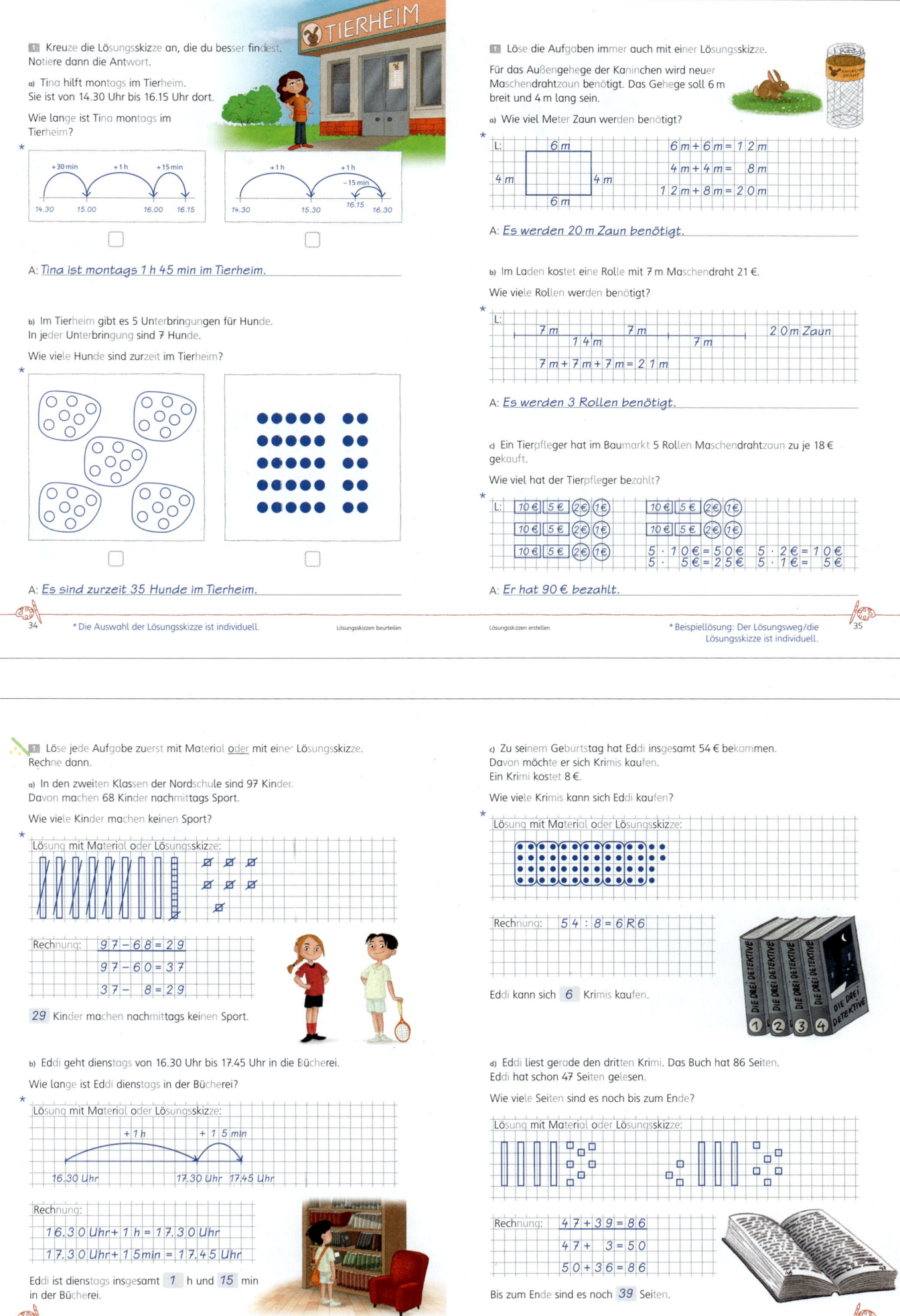

1 Kreuze die Lösungsskizze an, die du besser findest.
Notiere dann die Antwort.

a) Tina hilft montags im Tierheim.
Sie ist von 14.30 Uhr bis 16.15 Uhr dort.

Wie lange ist Tina montags im Tierheim?

*

A: _Tina ist montags 1 h 45 min im Tierheim._

b) Im Tierheim gibt es 5 Unterbringungen für Hunde.
In jeder Unterbringung sind 7 Hunde.

Wie viele Hunde sind zurzeit im Tierheim?

*

A: _Es sind zurzeit 35 Hunde im Tierheim._

---

1 Löse die Aufgaben immer auch mit einer Lösungsskizze.

Für das Außengehege der Kaninchen wird neuer
Maschendrahtzaun benötigt. Das Gehege soll 6 m
breit und 4 m lang sein.

a) Wie viel Meter Zaun werden benötigt?

*

L: 6m, 4m, 4m, 6m

$6m+6m=12m$
$4m+4m=8m$
$12m+8m=20m$

A: _Es werden 20 m Zaun benötigt._

b) Im Laden kostet eine Rolle mit 7 m Maschendraht 21 €.

Wie viele Rollen werden benötigt?

*

L: 7m 7m 7m 20m Zaun   14m

$7m+7m+7m=21m$

A: _Es werden 3 Rollen benötigt._

c) Ein Tierpfleger hat im Baumarkt 5 Rollen Maschendrahtzaun zu je 18 €
gekauft.

Wie viel hat der Tierpfleger bezahlt?

*

L: 10€ 5€ 2€ 1€   10€ 5€ 2€ 1€
10€ 5€ 2€ 1€   10€ 5€ 2€ 1€
10€ 5€ 2€ 1€

$5\cdot10€=50€$ $5\cdot2€=10€$
$5\cdot5€=25€$ $5\cdot1€=5€$

A: _Er hat 90 € bezahlt._

---

1 Löse jede Aufgabe zuerst mit Material oder mit einer Lösungsskizze.
Rechne dann.

a) In den zweiten Klassen der Nordschule sind 97 Kinder.
Davon machen 68 Kinder nachmittags Sport.

Wie viele Kinder machen keinen Sport?

*

Lösung mit Material oder Lösungsskizze:

Rechnung: $97-68=29$
$97-60=37$
$37-8=29$

_29_ Kinder machen nachmittags keinen Sport.

b) Eddi geht dienstags von 16.30 Uhr bis 17.45 Uhr in die Bücherei.

Wie lange ist Eddi dienstags in der Bücherei?

*

Lösung mit Material oder Lösungsskizze:

+1 h   +1 5 min

16.30 Uhr   17.30 Uhr 17.45 Uhr

Rechnung:
$16.30\,Uhr+1\,h=17.30\,Uhr$
$17.30\,Uhr+15\,min=17.45\,Uhr$

Eddi ist dienstags insgesamt _1_ h und _15_ min
in der Bücherei.

c) Zu seinem Geburtstag hat Eddi insgesamt 54 € bekommen.
Davon möchte er sich Krimis kaufen.
Ein Krimi kostet 8 €.

Wie viele Krimis kann sich Eddi kaufen?

*

Lösung mit Material oder Lösungsskizze:

Rechnung: $54:8=6\,R\,6$

Eddi kann sich _6_ Krimis kaufen.

d) Eddi liest gerade den dritten Krimi. Das Buch hat 86 Seiten.
Eddi hat schon 47 Seiten gelesen.

Wie viele Seiten sind es noch bis zum Ende?

Lösung mit Material oder Lösungsskizze:

Rechnung: $47+39=86$
$47+3=50$
$50+36=86$

Bis zum Ende sind es noch _39_ Seiten.

1 Welchen Lösungsweg findest du am besten?
Kreuze an und ergänze die Antwort.

Tobi und Emma möchten einen PC-Kurs machen. Der Kurs findet an 8 Nachmittagen statt, immer von 16.00 Uhr bis 18.00 Uhr. Der Kurs kostet je Kind 36 €.

a) Wie viel bezahlt Herr Lenz für seine beiden Kinder?

$$36 € + 36 € = 72 €$$
$$30 € + 30 € = 60 €$$
$$6 € + 6 € = 12 €$$

| 20 € | 10 € | 5 € | 1 € |
| 20 € | 10 € | 5 € | 1 € |

☐ ☐ ☐

Herr Lenz bezahlt für seine beiden Kinder **72** €.

b) Wie viel Stunden dauert der Kurs insgesamt?

+ 1 h   + 1 h
16 Uhr   17 Uhr   18 Uhr
an 8 Tagen je 2 h → 16 h

$$8 \cdot 2 \, h = 16 \, h$$

Tage	Stunden
1	2
2	4
4	8
8	16

☐ ☐ ☐

Der Kurs dauert insgesamt **16** Stunden.

c) Es machen 27 Kinder bei dem Kurs mit. Es gibt aber nur 10 PCs. Wie viele 2er-Gruppen und 3er-Gruppen können gebildet werden?

20 Kinder verteilt auf 10 PCs:
2 Kinder je 1 PC
7 Kinder müssen jetzt noch auf
7 PCs verteilt werden, also:
7 PCs mit 3 Kindern und 3 PCs
mit 2 Kindern

☐ ☐

Es können **3** 2er-Gruppen und **7** 3er-Gruppen gebildet werden.

---

1 Ole möchte 3 Veilchen in einen Blumentopf pflanzen. Im Laden gibt es rote, gelbe und blaue Veilchen.

Wie viele Möglichkeiten hat Ole, seinen Blumentopf zu bepflanzen?

L:

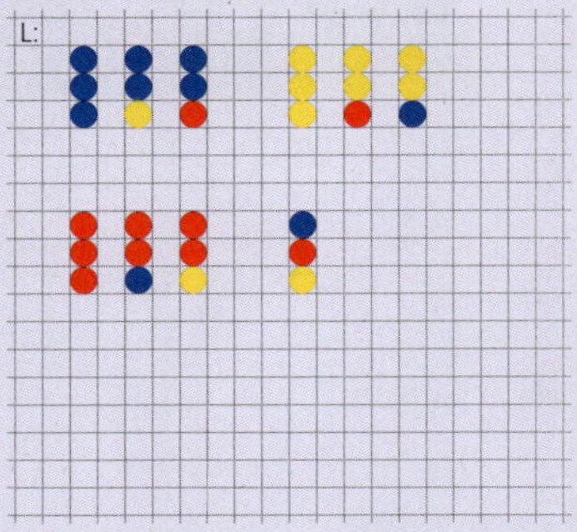

Ich kann auch 3 rote Veilchen in den Blumentopf pflanzen.

Ole hat **10** verschiedene Möglichkeiten.

2 Ebru geht mit ihren Großeltern in den Tierpark. Der Eintritt ist für Erwachsene doppelt so teuer wie für Kinder. Opa zahlt für alle 3 zusammen 20 €.

Wie teuer ist der Eintritt für Kinder?

L:
$$5 € + 10 € + 10 € = 25 € \ (zu \ viel)$$
$$4 € + 8 € + 8 € = 20 € \ (richtig)$$

Der Eintritt für Kinder kostet **4** €.

Das ist gegeben.	Leonie kauft zwei Lollis. Ein Lolli kostet 45 ct.	Sachtext
Das wird gesucht.	F: Wie viel bezahlt Leonie für beide Lollis?	Frage
Das ist der Lösungsweg.	L: 45 ct + 45 ct = 90 ct	Lösungsweg
Das ist die Antwort auf die Frage.	A: Leonie bezahlt 90 ct für beide Lollis.	Antwort

Tipps:
· Lies den Sachtext ganz genau. ✓
· Unterstreiche im Sachtext wichtige Zahlen und Angaben. ✓
· Überprüfe: Passen die Frage und die Antwort zusammen? ✓

1 Ergänze die fehlenden Teile der Aufgabe.

a)

Fabian hat 8 € weniger gespart als Tobias. Tobias hat 32 € gespart.

F: Wie viel Geld hat Fabian gespart?

L:
$$32 € - 8 € = 24 €$$

A: Fabian hat 24 € gespart.

b)

Lilli kauft Tennisbälle für 15 €. Sie bezahlt mit einem 50-€-Schein.

F: *Wie viel Geld bekommt Lilli zurück?*

L:
$$50 € - 15 € = 35 €$$

A: Lilli bekommt 35 € zurück.

c)

Anton übt 5-mal in der Woche 20 Minuten Flöte.

F: Wie viele Minuten übt Anton in einer Woche?

L:
$$20 \, min + 20 \, min + 20 \, min + 20 \, min + 20 \, min = 100 \, min$$

A: *Anton übt in einer Woche 100 Minuten.*

d)

Pia und Jan gehen in den Kletterwald. Sie kommen um 15 Uhr an. Um 17.30 Uhr schließt der Kletterwald.

F: *Wie lange können Pia und Jan im Kletterwald bleiben?*

L:
+ 2 h
15.00 Uhr → 17.00 Uhr
+ 30 min
17.00 Uhr → 17.30 Uhr

A: *Sie können 2 h 30 min im Kletterwald bleiben.*

e)

5 Kinder spielen zusammen Minigolf. Der Eintritt kostet je Kind 3 €.

F: *Wie viel bezahlen die 5 Kinder zusammen?*

L:
$$5 \cdot 3 € = 15 €$$

A: Die fünf Kinder bezahlen zusammen 15 € Eintritt beim Minigolf.

1 Was gehört zusammen? Färbe zu jedem Sachtext die passende Frage, den Lösungsweg und die Antwort.

a)

Jakob und Ella spielen Minigolf. Der Eintritt hat für jeden 3 € gekostet. Jakob hat Ella eingeladen.	Lara hat sich zwei Bücher gekauft. Beide Bücher haben gleich viel gekostet. Sie hat insgesamt 7 € bezahlt.	Mira hat von ihrer Mutter 8 € für eine neue Fahrradklingel bekommen. Die Klingel kostet 14 € 50 ct.
Wie viel muss Mira von ihrem Taschengeld dazutun?	Wie viel hat Jakob für beide zusammen bezahlt?	Wie viel kostet ein Buch?
7 € : 2 = 3 € 50 ct	3 € + 3 € = 6 €	14 € 50 ct − 8 € = 6 € 50 ct
Ein Buch kostet 3 € 50 ct.	Mira muss 6 € 50 ct von ihrem Taschengeld dazutun.	Jakob hat für beide zusammen 6 € bezahlt.

b)

Lukas hat seine Muscheln sortiert. Sie haben 4 verschiedene Farben. Von jeder Farbe hat er 7 Stück.	Die 28 Kinder sollen in 4 gleich große Gruppen eingeteilt werden.	Ali möchte 28 Kräuter einpflanzen. 7 Kräuter hat er schon eingepflanzt.
Wie viele Kinder kommen in jede Gruppe?	Wie viele Muscheln hat Lukas insgesamt?	Wie viele Kräuter muss Ali noch einpflanzen?
28 − 7 = 21	28 : 4 = 7	4 · 7 = 28
In jede Gruppe kommen 7 Kinder.	Lukas hat insgesamt 28 Muscheln.	Ali muss noch 21 Kräuter einpflanzen.

1 Färbe zu dem Sachtext die passende Frage, den Lösungsweg und die Antwort.

a)

Tino kauft 6 Tuben Farben für je 8 €, ein Pinselset für 4 €, zwei Zeichenblöcke für je 3 € und ein langes Lineal für 4 €.

Wie viel Rückgeld bekommt Tino?	Wie viel hat Tino beim letzten Mal bezahlt?	Wie viel muss Tino insgesamt bezahlen?
6 € + 8 € + 4 € + 3 € + 4 € = 25 €	6 · 8 € = 48 € 2 · 3 € = 6 € 48 € + 4 € + 6 € + 4 € = 62 €	100 € − 62 € = 38 €
Tino hat schon 7 Leinwände bemalt.	Tino malt 3 Stunden in der Woche.	Tino muss insgesamt 62 € bezahlen.

b)

In der Schulbücherei gibt es 35 Abenteuerbücher. Davon sind 17 Bücher zurzeit ausgeliehen.

Wie viele Bücher gibt es in der Schulbücherei?	Wie viele Abenteuerbücher wurden neu angeschafft?	Wie viele Abenteuerbücher sind zurzeit in der Schulbücherei?
100 − 35 = 65	35 + 17 = 52	35 − 17 = 18 35 − 10 = 25 25 − 7 = 18
Zurzeit sind 18 Abenteuerbücher in der Schulbücherei.	35 Abenteuerbücher kosten zusammen 17 €.	Es wurden 65 neue Bücher angeschafft.

1 Welche Aufgaben kannst du nicht lösen? Kreuze an.

Mia geht zum Schwimmunterricht. Das Schwimmen beginnt um 14.30 Uhr. Es endet um 15.30 Uhr. Wie alt ist Mias Schwimmlehrerin?

☒

Max soll auf dem Sportplatz 100 Meter laufen. 70 Meter hat er schon geschafft. Wie weit muss Max noch laufen?

☐

Lukas hat 72 Sticker in seinem Album. 14 schenkt er seiner Schwester. Wie viele Sticker bleiben übrig?

☐

Paula kauft mit ihrem Vater einen Fahrradhelm. Sie bezahlen mit einem 50-Euro-Schein. Wie viel bekommen sie zurück?

☒

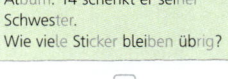

Afifa spielt auf dem Spielplatz. Sie soll um 18 Uhr zu Hause sein. Wie lange ist Afifa schon auf dem Spielplatz?

☒

Ben tritt in 14 Tagen in seiner Schule auf. Heute ist der 3. April. Am wievielten April tritt Ben auf?

☐

1 Ergänze die beiden Aufgaben sinnvoll. Die Kärtchen helfen dir. Je ein Kärtchen passt nicht. Notiere dann den Lösungsweg und die Antwort.

a)

 18.15    15.30   ~~Donnerstag~~   6.30

Lina ist in der Theater-AG. Die AG trifft sich zweimal in der Woche.

Es wird jeden Montag und jeden __Donnerstag__ von __15.30__ Uhr bis __18.15__ Uhr geprobt.

F: Wie lange probt die AG insgesamt in einer Woche?

L:

	+ 2 h	+ 45 min		2 h + 2 h = 4 h
15.30 Uhr	17.30 Uhr	18.15 Uhr	45 min + 45 min = 90 min = 1 h 30 min
4 h + 1 h + 30 min = 5 h 30 min			

A: _Die AG probt in einer Woche 5 h 30 min._

b)

Bücher   ~~Tage~~   ~~Seiten~~

Lina hat die Hauptrolle bekommen.

Es sind noch 36 __Tage__ bis zur Aufführung.

Lina muss bis dahin 9 __Seiten__ auswendig lernen.

F: Wie viele Tage Zeit hat Lina, um eine Seite zu lernen?

L: 36 : 9 = 4

A: _Lina hat für eine Seite 4 Tage Zeit._

1 Welche Frage passt? Kreuze die richtige Frage an.
Schreibe den Lösungsweg und die Antwort dazu.

a)

Im Mitmachzirkus gibt es insgesamt 65 Sitzplätze. 38 Sitzplätze sind schon belegt.

	A: Wie lange dauert die Vorstellung?
☒	B: Wie viele Sitzplätze sind noch frei?
	c: Wie teuer ist der Eintritt für 3 Kinder?

L: $65 - 38 = 27$
     $65 - 30 = 35$
     $35 - 8 = 27$

A: *Es sind noch 27 Sitzplätze frei.*

b)

Die Vorstellung beginnt um 15.30 Uhr und endet 2 Stunden später.

	A: Um wie viel Uhr öffnet die Kasse?
	B: Wie lange dauert die Pause?
☒	c: Bis wie viel Uhr geht die Vorstellung?

L: +2 h
     15.30 Uhr   17.30 Uhr

A: *Die Vorstellung geht bis 17.30 Uhr.*

c)

Timo hat für seinen Auftritt als Clown an 6 Tagen jeweils 10 Minuten geübt.

	A: Wie lange dauert Timos Auftritt?
☒	B: Wie lange hat Timo insgesamt geübt?
	c: Wie viel kostet Timos Kostüm?

L: $6 \cdot 10 = 60$

A: *Timo hat insgesamt 60 min geübt.*

1 Löse die Aufgaben.

a) Papa hat für Elli und Klaus eine Tischtennisplatte für 68 € ersteigert. Zusätzlich hat er noch vier Schläger und Bälle für insgesamt 25 € gekauft.

F: *Wie viel hat er insgesamt bezahlt?*

L: $68 € + 25 € = 93 €$

A: *Er hat insgesamt 93 € bezahlt.*

b) Lisa turnt montags und freitags jeweils von 14.30 Uhr bis 16 Uhr.

F: *Wie viel turnt Lisa insgesamt in einer Woche?*

L: +1 h   +30 min
     14.30 Uhr   15.30 Uhr   16.00 Uhr
     $1 h + 1 h + 30 min + 30 min = 3 h$

A: *Lisa turnt in einer Woche insgesamt 3 h.*

c) In Pauls Album passen 100 Fotos. 47 Fotos hat er bereits eingeklebt.

F: *Wie viele Fotos kann Paul noch in sein Album einkleben?*

L: $100 - 47 = 53$

A: *Er kann noch 53 Fotos einkleben.*

1 Die Kinder der Klasse 2d haben in einem Balkendiagramm notiert, welche Haustiere sie haben.

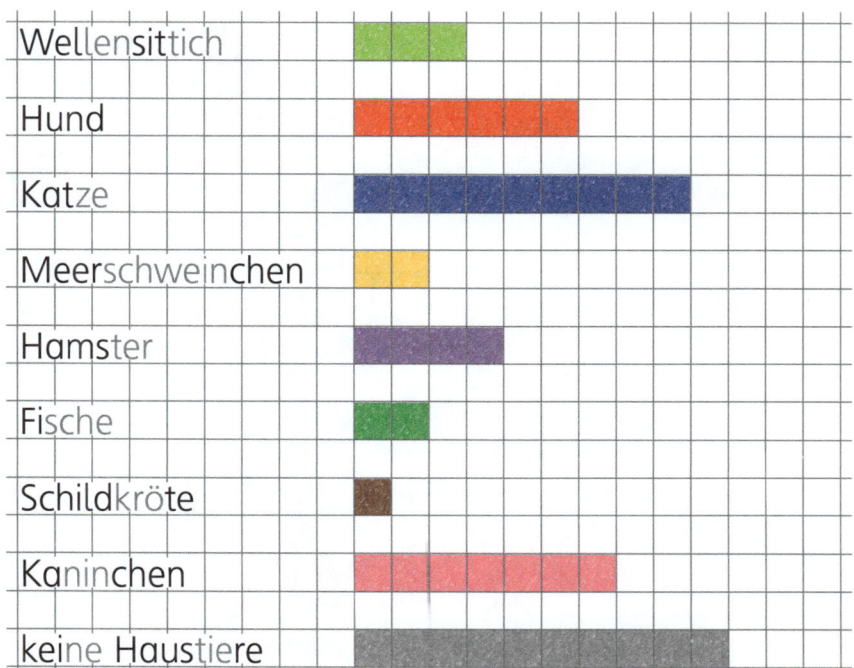

a) Ergänze die Strichliste passend zu dem Balkendiagramm.

Wellensittich	|||
Hund	

b) Ergänze die Tabelle passend zu dem Balkendiagramm.

Haustier	Anzahl
Wellensittich	3

2 4 Kinder der Klasse 2d haben 3 Tierarten als Haustiere.
Ein Junge hat sogar 4 Tierarten. 8 Kinder haben 2 Tierarten als Haustier.
Wie viele Kinder sind in der Klasse 2d?

Es sind [ ] Kinder in der Klasse 2d.

1 Welche Fragen kannst du sofort beantworten, ohne zu rechnen? Markiere ▢.

☐ Welches Tier sitzt auf dem Zaun?

☐ Wie viele Stunden hat der Hundeplatz in der Woche geöffnet?

☐ Welche Fellfarbe hat der Hund auf dem Laufsteg?

2 Welche Fragen kannst du mithilfe einer Rechnung beantworten? Markiere ▢.

☐ Seit wann ist Lisa mit Bello auf dem Hundeplatz?

☐ Wie viele Stunden hat der Hundeplatz am Wochenende geöffnet?

☐ Wie oft geht Paul in der Woche mit seinem Dackel auf den Hundeplatz?

3 Welche Fragen kannst du nicht beantworten? Markiere ▢.

☐ Wie lange sitzt Fido schon auf der Wippe?

☐ Was hält der Junge mit der Brille in seiner Hand?

☐ Wie viele Tüten Leckerlis wurden heute gekauft?

Fragen beurteilen

1 Trage in die Lücken ein. Die Kärtchen helfen dir.

a)

Eine	12 Euro

30 Euro

acht

zwei

Mona hat Geburtstag. Sie wird _____ Jahre alt.

Von ihrem Opa bekommt sie _____.

Davon bezahlt sie _____ Reitstunden.

_____ Reitstunde kostet _____.

Das Restgeld steckt sie in ihre Spardose.

b)

zweimal

dienstags	17 Uhr

jeden	5 Jahre

Leon spielt Fußball. Sein Training ist _____

und donnerstags von 15 Uhr bis _____.

Er trainiert _____ in der Woche.

Leon spielt schon Fußball, seit er _____ alt ist.

Am liebsten würde er _____ Tag Fußball spielen.

1 Welches Bild passt zu der Aufgabe? Verbinde und notiere das Ergebnis.

Anna kauft 3 Packungen Buntstifte. In jeder Packung sind 12 Buntstifte.

Wie viele Buntstifte kauft sie insgesamt?

Sie kauft Buntstifte.

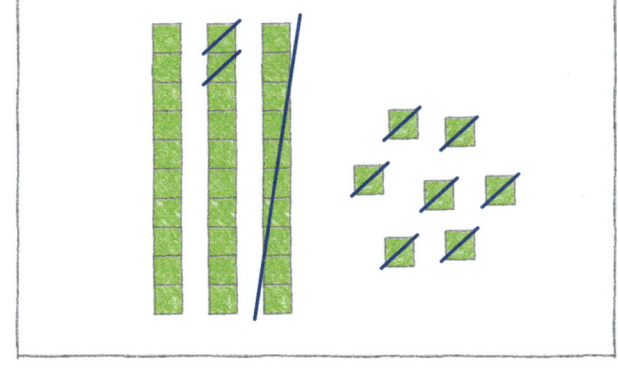

Lara spart für eine Gitarre. Sie hat schon 45 € gespart. Die Gitarre kostet 89 €.

Wie viel Euro fehlen ihr noch?

Es fehlen ihr noch €.

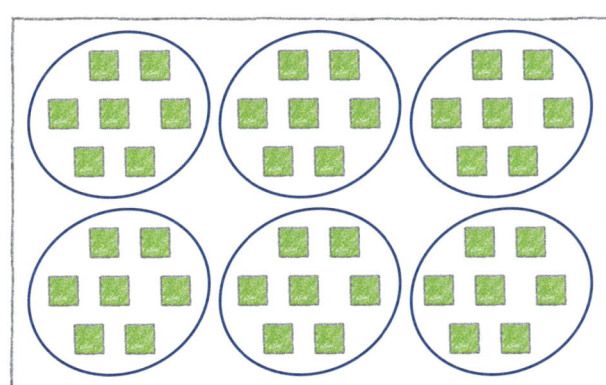

37 Kinder machen in der Theatergruppe mit. 19 Kinder hören nach den Ferien auf.

Wie viele Kinder bleiben nach den Ferien übrig?

Es bleiben 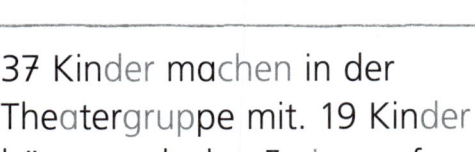 Kinder nach den Ferien übrig.

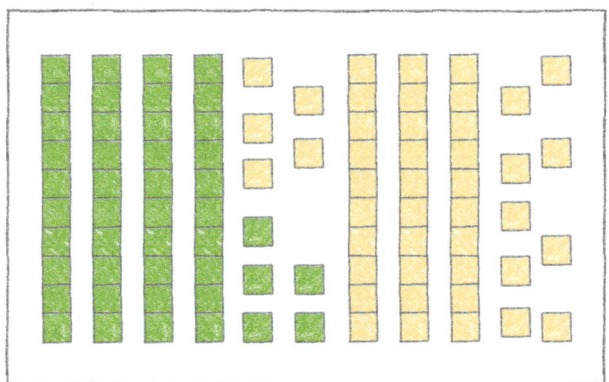

42 Kinder werden bei den Pfadfindern in 6 Gruppen eingeteilt.

Wie viele Kinder kommen in eine Gruppe?

☐ Kinder kommen in eine Gruppe.

Lösungswege zuordnen

1 Löse die Aufgaben mit Material.
Zeichne deine Lösung. Notiere die Antwort.

a) 66 Kinder möchten sich im Sportverein anmelden.
Es gibt aber nur 45 freie Plätze.

Wie viele Kinder bekommen keinen Platz?

L:

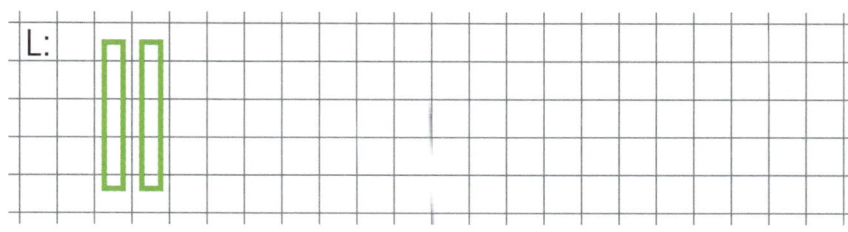

A: _____

b) Maike hat einen Platz in der Turngruppe bekommen.
Der Beitrag kostet im Monat 26 €.

Wie viel kostet der Beitrag für 3 Monate?

L:

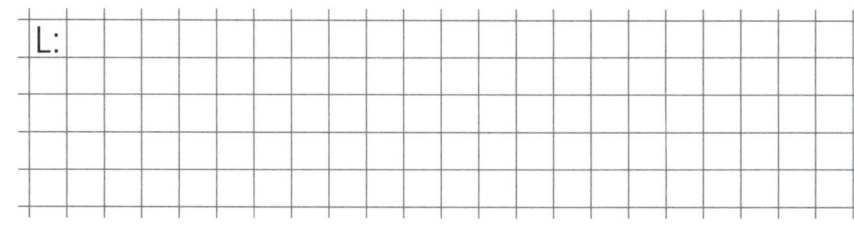

A: _____

c) Es werden drei neue Schwimmgruppen gebildet.
36 Kinder sollen gleichmäßig auf die 3 Gruppen
verteilt werden.

Wie viele Kinder kommen in jede Schwimmgruppe?

L:

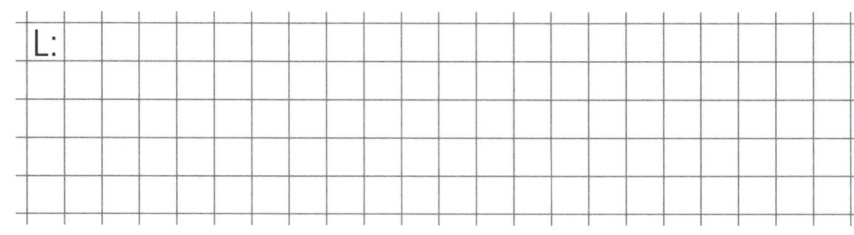

A: _____

1 Markiere Wichtiges in der entsprechenden Farbe.
Löse dann die Aufgabe.

Liam möchte einen Drachen bauen.
Er hat Holzstäbe, Kleber, Seidenpapier, Krepppapier
und Klebestreifen gekauft. Es hat 17 € gekostet.
Er hat auch eine Rolle mit 100 m Schnur für
7 € gekauft. Die Holzstäbe sind 75 cm lang.
Liam hat 5 Holzstäbe für insgesamt 9 € gekauft.

a)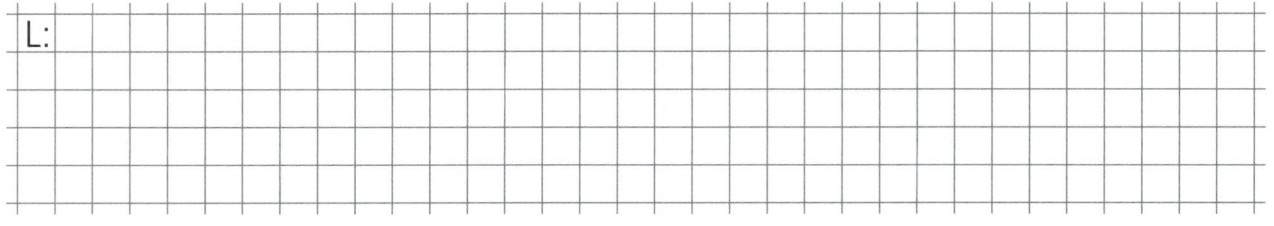
Liam hat die Dinge, die er für den Drachen braucht,
mit einem 50-Euro-Schein bezahlt. Wie viel Geld hat er zurückbekommen?

L:

A: _____

b)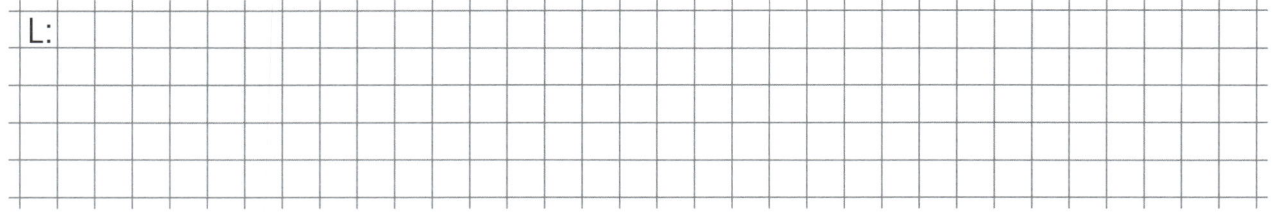
Liam möchte an seinem Drachen 35 m Schnur befestigen.
Wie viel Meter Schnur bleiben von der Rolle übrig?

L:

A: _____

c)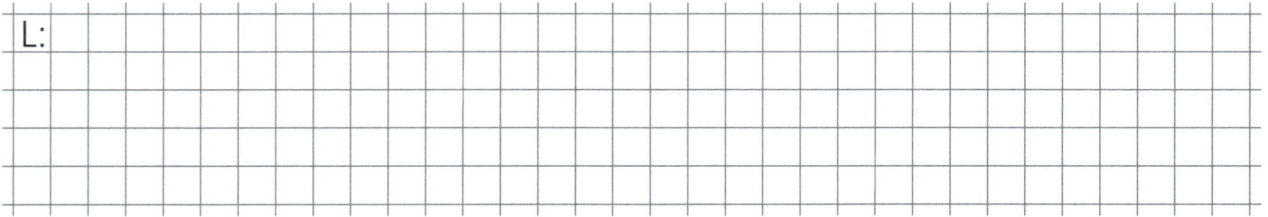
Für den Drachen braucht Liam zwei Holzstäbe mit 30 cm Länge und einen
Holzstab mit 65 cm Länge.
Wie viele Holzstäbe mit 75 cm Länge braucht Liam dafür?

L:

A: _____

1 Kreuze die passende Frage an.
Notiere dann deinen Lösungsweg
und die Antwort.

Paul möchte im Kino einen Film
über Wale sehen.
Der Film beginnt um 14.30 Uhr
und endet um 16.15 Uhr.
Der Eintritt kostet je Person 9 €.
Paul lädt Emma in den Film ein.
Es sind auch andere Kinder da.

| Wie viele Eintrittskarten wurden insgesamt verkauft? ☐ | Wie viel Geld wurde für den Film insgesamt eingenommen? ☐ |
| Seit wann interessiert sich Paul für Wale? ☐ | Wie lange dauert der Film über Wale? ☐ |

L:

A: _____

_____

2 Finde die passende Frage. Ergänze die Lösung. Notiere die Antwort.

F: _____

_____

L:
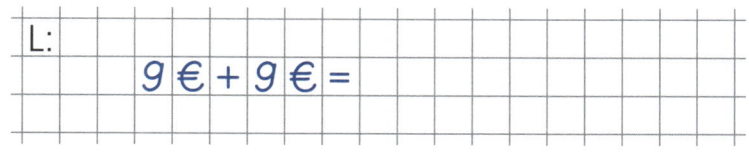
$9 € + 9 € =$

A: _____

1 Schreibe die Aufgaben sinnvoll um. Löse sie.
Die <mark>Markierungen</mark> helfen dir.

a) Der Sportverein bekommt 6 Pakete mit jeweils
8 <mark>Melonen</mark> zugeschickt.

Der Sportverein _____

_____

Wie viele _____ sind es insgesamt?

L:

Es sind insgesamt _____.

b) Annas Hasen fressen am Tag 5 <mark>Lollis</mark>.

_____

_____

Wie viele _____ fressen sie in einer Woche?

L:

Sie fressen in einer

Woche _____.

c) Leons Reitstunde kostet 16 €. Leons Mutter bezahlt
mit <mark>einer 50-Cent-Münze</mark>.

_____

_____

Wie viel _____ bekommt sie zurück?

L:

Sie bekommt

_____ zurück.

1 Lara und Leo haben zusammen 36 Edelsteine.
Lara hat dreimal so viele Steine wie Leo.

Wie viele Steine hat jedes Kind?

L:

Lara hat [ ] Steine und Leo hat [ ] Steine.

2 Elias liest ein Buch mit 100 Seiten.

Wie oft kommt die Ziffer 8 in den Seitenzahlen vor?

L:

Die Ziffer 8 kommt insgesamt [ ]-mal vor.

3 Eva zählt ihre Kuscheltiere. Sie hat Einhörner, Teddys und Hunde.
Ohne Hunde sind es 10 Tiere. Ohne Einhörner sind es 13 Tiere und ohne Teddys
sind es 9 Tiere.

Wie viele Kuscheltiere von jeder Art hat Eva?

L:

Tipp:

Ein Rechendreieck kann dir helfen!

Eva hat [ ] Einhörner, [ ] Hunde und [ ] Teddys.

1 Kreuze die Lösungsskizze an, die du besser findest.
Notiere dann die Antwort.

a) Tina hilft montags im Tierheim.
Sie ist von 14.30 Uhr bis 16.15 Uhr dort.

Wie lange ist Tina montags im
Tierheim?

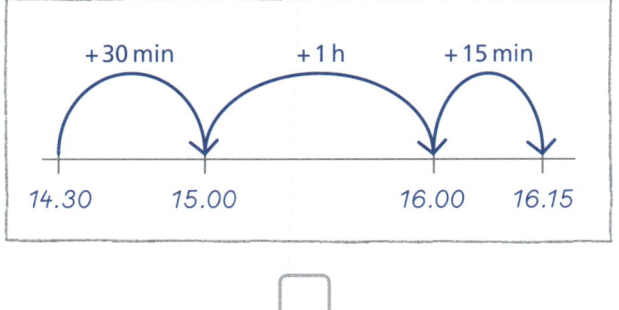

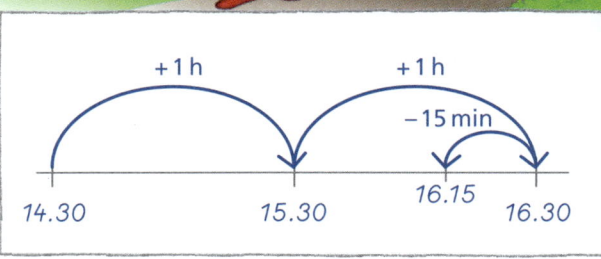

A: _____

b) Im Tierheim gibt es 5 Unterbringungen für Hunde.
In jeder Unterbringung sind 7 Hunde.

Wie viele Hunde sind zurzeit im Tierheim?

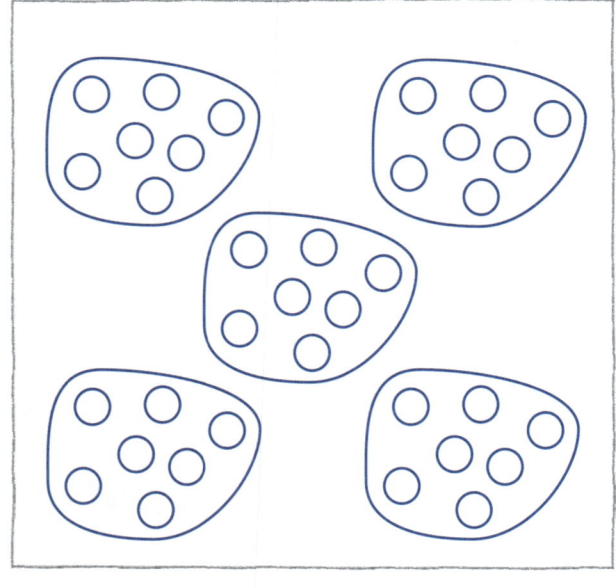

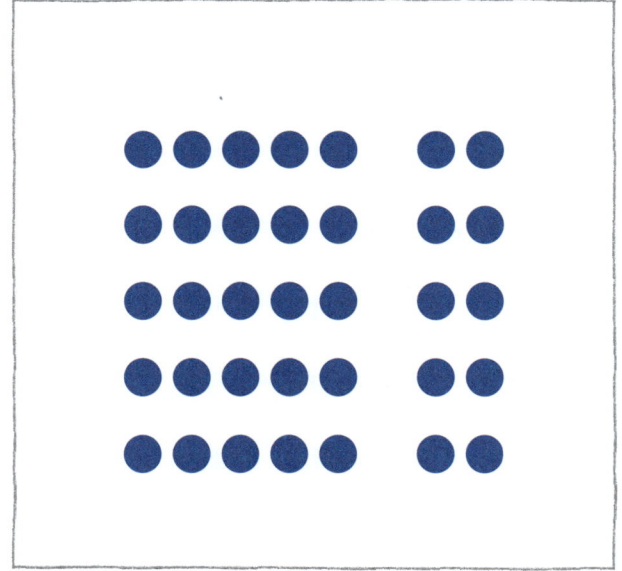

A: _____

Lösungsskizzen beurteilen

1 Löse die Aufgaben immer auch mit einer Lösungsskizze.

Für das Außengehege der Kaninchen wird neuer Maschendrahtzaun benötigt. Das Gehege soll 6 m breit und 4 m lang sein.

a) Wie viel Meter Zaun werden benötigt?

L:

A: _____

b) Im Laden kostet eine Rolle mit 7 m Maschendraht 21 €.

Wie viele Rollen werden benötigt?

L:

A: _____

c) Ein Tierpfleger hat im Baumarkt 5 Rollen Maschendrahtzaun zu je 18 € gekauft.

Wie viel hat der Tierpfleger bezahlt?

L:

A: _____

1 Löse jede Aufgabe zuerst mit Material <u>oder</u> mit einer Lösungsskizze.
Rechne dann.

a) In den zweiten Klassen der Nordschule sind 97 Kinder.
Davon machen 68 Kinder nachmittags Sport.

Wie viele Kinder machen keinen Sport?

Lösung mit Material oder Lösungsskizze:

Rechnung:

[ ] Kinder machen nachmittags keinen Sport.

b) Eddi geht dienstags von 16.30 Uhr bis 17.45 Uhr in die Bücherei.

Wie lange ist Eddi dienstags in der Bücherei?

Lösung mit Material oder Lösungsskizze:

Rechnung:

Eddi ist dienstags insgesamt [ ] h und [ ] min
in der Bücherei.

Sachaufgaben zeichnerisch und rechnerisch lösen

c) Zu seinem Geburtstag hat Eddi insgesamt 54 € bekommen.
Davon möchte er sich Krimis kaufen.
Ein Krimi kostet 8 €.

Wie viele Krimis kann sich Eddi kaufen?

Lösung mit Material oder Lösungsskizze:

Rechnung:

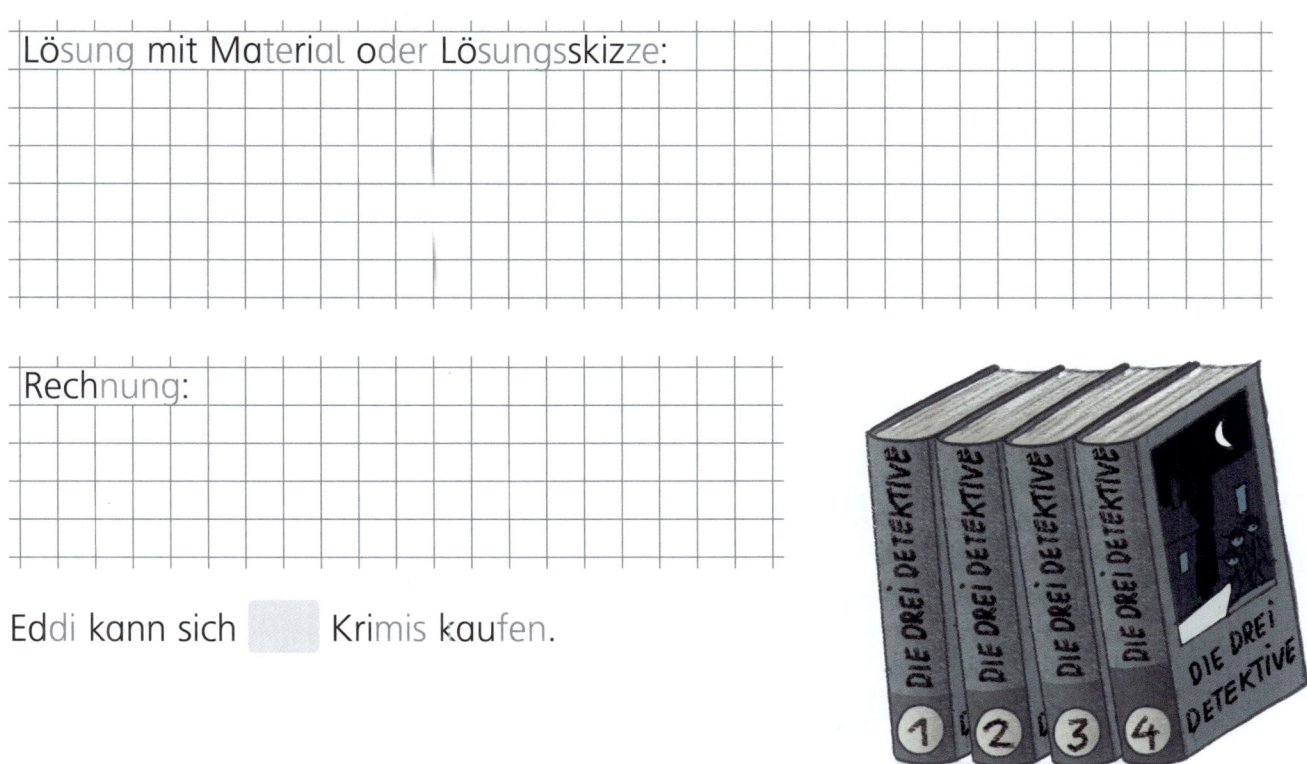

Eddi kann sich ⬜ Krimis kaufen.

d) Eddi liest gerade den dritten Krimi. Das Buch hat 86 Seiten.
Eddi hat schon 47 Seiten gelesen.

Wie viele Seiten sind es noch bis zum Ende?

Lösung mit Material oder Lösungsskizze:

Rechnung:

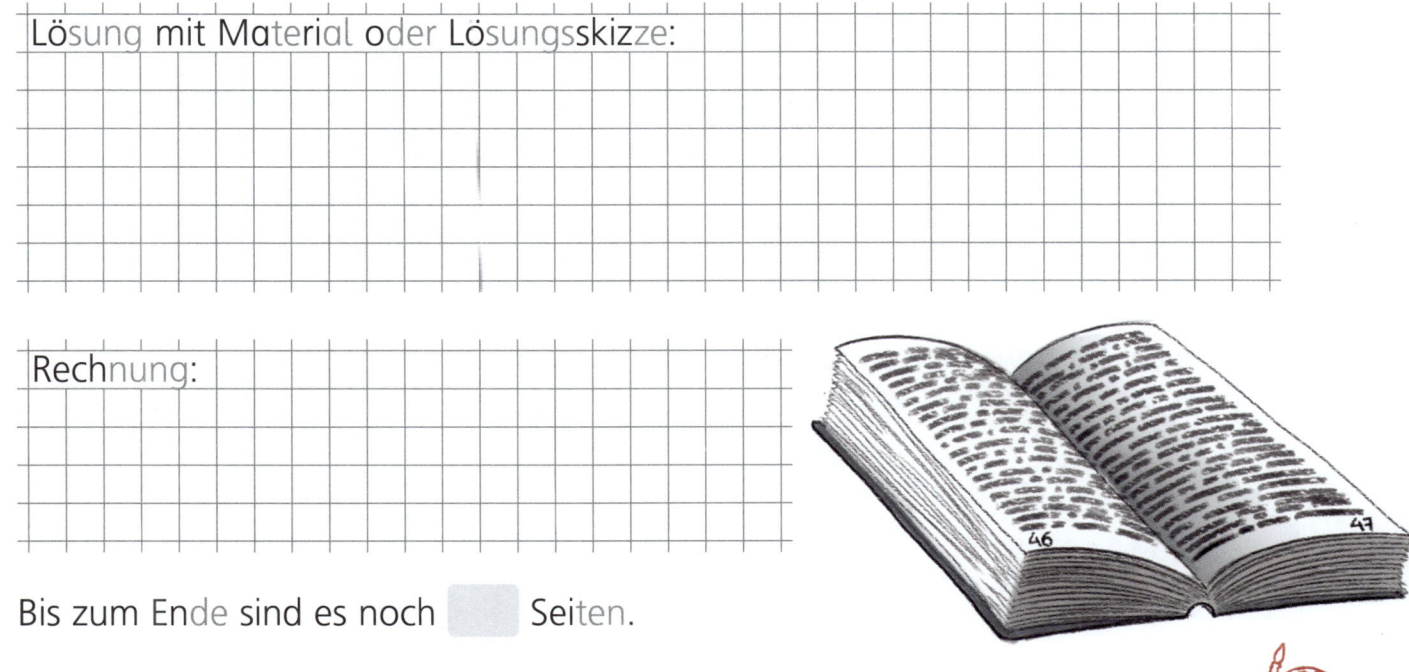

Bis zum Ende sind es noch ⬜ Seiten.

1 Welchen Lösungsweg findest du am besten?
Kreuze an und ergänze die Antwort.

Tobi und Emma möchten einen PC-Kurs
machen. Der Kurs findet an 8 Nachmittagen
statt, immer von 16.00 Uhr bis 18.00 Uhr.
Der Kurs kostet je Kind 36 €.

a) Wie viel bezahlt Herr Lenz für seine beiden Kinder?

36 € + 36 € = 72 € 30 € + 30 € = 60 € 6 € + 6 € = 12 €

☐   ☐   ☐

Herr Lenz bezahlt für seine beiden Kinder ____ €.

b) Wie viel Stunden dauert der Kurs insgesamt?

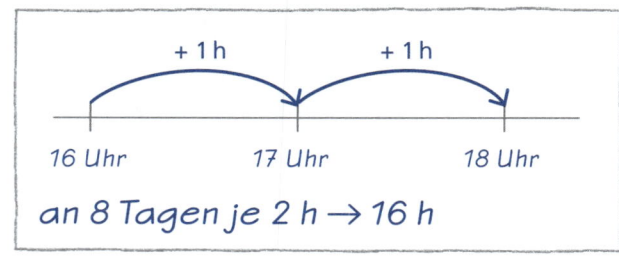

an 8 Tagen je 2 h → 16 h

$8 \cdot 2\,h = 16\,h$

Tage	Stunden
1	2
2	4
4	8
8	16

☐   ☐   ☐

Der Kurs dauert insgesamt ____ Stunden.

c) Es machen 27 Kinder bei dem Kurs mit. Es gibt aber nur 10 PCs.
Wie viele 2er-Gruppen und 3er-Gruppen können gebildet werden?

20 Kinder verteilt auf 10 PCs: 2 Kinder je 1 PC 7 Kinder müssen jetzt noch auf 7 PCs verteilt werden, also: 7 PCs mit 3 Kindern und 3 PCs mit 2 Kindern

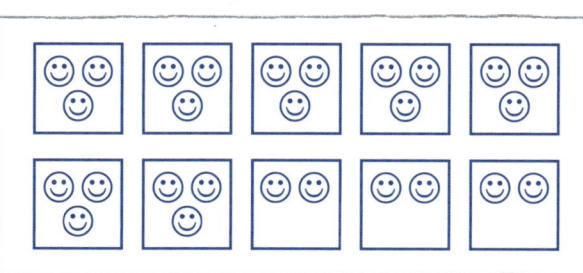

☐   ☐

Es können ____ 2er-Gruppen und ____ 3er-Gruppen gebildet werden.

Lösungswege beurteilen

1 Ole möchte 3 Veilchen in einen Blumentopf pflanzen.
Im Laden gibt es rote, gelbe und blaue Veilchen.

Wie viele Möglichkeiten hat Ole,
seinen Blumentopf zu bepflanzen?

Ich kann auch 3 rote Veilchen in den Blumentopf pflanzen.

L:

Ole hat ☐ verschiedene Möglichkeiten.

2 Ebru geht mit ihren Großeltern in den Tierpark.
Der Eintritt ist für Erwachsene doppelt so teuer wie für Kinder.
Opa zahlt für alle 3 zusammen 20 €.

Wie teuer ist der Eintritt für Kinder?

L:

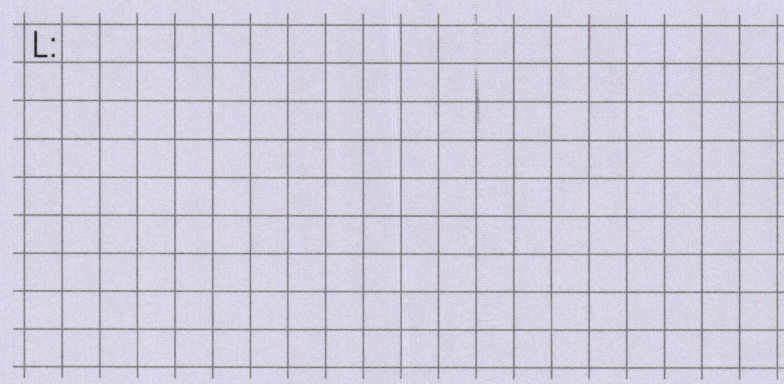

Der Eintritt für Kinder kostet ☐ €.

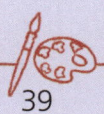

Das ist gegeben.	Leonie kauft zwei Lollis. Ein Lolli kostet 45 ct.	Sachtext
Das wird gesucht.	F: Wie viel bezahlt Leonie für beide Lollis?	Frage
Das ist der Lösungsweg.	L: 45 ct + 45 ct = 90 ct	Lösungsweg
Das ist die Antwort auf die Frage.	A: Leonie bezahlt 90 ct für beide Lollis.	Antwort

Tipps:

· Lies den Sachtext ganz genau. ✓
· Unterstreiche im Sachtext wichtige ✓
  Zahlen und Angaben.
· Überprüfe: Passen die Frage und ✓
  die Antwort zusammen?

1 Ergänze die fehlenden Teile der Aufgabe.

a)

Fabian hat <u>8 € weniger</u> gespart als Tobias. Tobias hat <u>32 €</u> gespart.

F: Wie viel Geld hat Fabian gespart?

L:

A: Fabian hat 24 € gespart.

b)

Lilli kauft Tennisbälle für 15 €. Sie bezahlt mit einem 50-€-Schein.

F: _____

_____

_____

_____

L: | 5 0 € − 1 5 € = 3 5 € |

A: Lilli bekommt 35 € zurück.

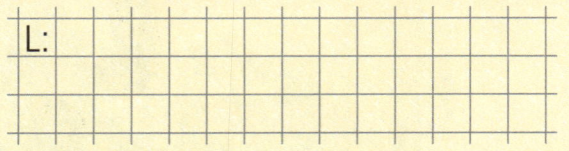

c)

Anton übt 5-mal in der Woche 20 Minuten Flöte.

F: Wie viele Minuten übt Anton in einer Woche?

L:

A: _____

_____

_____

d)

Pia und Jan gehen in den Kletterwald. Sie kommen um 15 Uhr an. Um 17.30 Uhr schließt der Kletterwald.

F: _____

_____

_____

L:

A: _____

_____

_____

_____

e)

_____

_____

_____

_____

_____

_____

F: _____

_____

_____

_____

L: $5 \cdot 3 € = 15 €$

A: Die fünf Kinder bezahlen zusammen 15 € Eintritt beim Minigolf.

1 Was gehört zusammen? Färbe zu jedem Sachtext die passende Frage, den Lösungsweg und die Antwort.

a)

Jakob und Ella spielen Minigolf. Der Eintritt hat für jeden 3 € gekostet. Jakob hat Ella eingeladen.	Lara hat sich zwei Bücher gekauft. Beide Bücher haben gleich viel gekostet. Sie hat insgesamt 7 € bezahlt.	Mira hat von ihrer Mutter 8 € für eine neue Fahrradklingel bekommen. Die Klingel kostet 14 € 50 ct.
Wie viel muss Mira von ihrem Taschengeld dazutun?	Wie viel hat Jakob für beide zusammen bezahlt?	Wie viel kostet ein Buch?
7 € : 2 = 3 € 50 ct	3 € + 3 € = 6 €	14 € 50 ct − 8 € = 6 € 50 ct
Ein Buch kostet 3 € 50 ct.	Mira muss 6 € 50 ct von ihrem Taschengeld dazutun.	Jakob hat für beide zusammen 6 € bezahlt.

b)

Lukas hat seine Muscheln sortiert. Sie haben 4 verschiedene Farben. Von jeder Farbe hat er 7 Stück.	Die 28 Kinder sollen in 4 gleich große Gruppen eingeteilt werden.	Ali möchte 28 Kräuter einpflanzen. 7 Kräuter hat er schon eingepflanzt.
Wie viele Kinder kommen in jede Gruppe?	Wie viele Muscheln hat Lukas insgesamt?	Wie viele Kräuter muss Ali noch einpflanzen?
28 − 7 = 21	28 : 4 = 7	4 · 7 = 28
In jede Gruppe kommen 7 Kinder.	Lukas hat insgesamt 28 Muscheln.	Ali muss noch 21 Kräuter einpflanzen.

1 Färbe zu dem Sachtext die passende Frage, den Lösungsweg und die Antwort.

a)

> Tino kauft 6 Tuben Farben für je 8 €,
> ein Pinselset für 4 €,
> zwei Zeichenblöcke für je 3 € und
> ein langes Lineal für 4 €.

Wie viel Rückgeld bekommt Tino?	Wie viel hat Tino beim letzten Mal bezahlt?	Wie viel muss Tino insgesamt bezahlen?
$6 € + 8 € + 4 € + 3 €$ $+ 4 € = 25 €$	$6 \cdot 8 € = 48 €$ $2 \cdot 3 € = 6 €$ $48 € + 4 € + 6 € + 4 € = 62 €$	$100 € - 62 € = 38 €$
Tino hat schon 7 Leinwände bemalt.	Tino malt 3 Stunden in der Woche.	Tino muss insgesamt 62 € bezahlen.

b)

> In der Schulbücherei gibt es
> 35 Abenteuerbücher.
> Davon sind 17 Bücher zurzeit ausgeliehen.

Wie viele Bücher gibt es in der Schulbücherei?	Wie viele Abenteuer- bücher wurden neu angeschafft?	Wie viele Abenteuer- bücher sind zurzeit in der Schulbücherei?
$100 - 35 = 65$	$35 + 17 = 52$	$35 - 17 = 18$ $35 - 10 = 25$ $25 - 7 = 18$
Zurzeit sind 18 Abenteuerbücher in der Schulbücherei.	35 Abenteuerbücher kosten zusammen 17 €.	Es wurden 65 neue Bücher angeschafft.

1 Welche Aufgaben kannst du nicht lösen?
Kreuze an.

Mia geht zum Schwimmunterricht.
Das Schwimmen beginnt um
14.30 Uhr. Es endet um 15.30 Uhr.
Wie alt ist Mias Schwimmlehrerin?

☐

Max soll auf dem Sportplatz
100 Meter laufen.
70 Meter hat er schon geschafft.
Wie weit muss Max noch laufen?

☐

Lukas hat 72 Sticker in seinem
Album. 14 schenkt er seiner
Schwester.
Wie viele Sticker bleiben übrig?

☐

Paula kauft mit ihrem Vater einen
Fahrradhelm. Sie bezahlen mit
einem 50-Euro-Schein.
Wie viel bekommen sie zurück?

☐

Afifa spielt auf dem Spielplatz.
Sie soll um 18 Uhr zu Hause sein.
Wie lange ist Afifa schon auf dem
Spielplatz?

☐

Ben tritt in 14 Tagen in seiner
Schule auf. Heute ist der 3. April.
Am wievielten April tritt Ben auf?

☐

44

1 Ergänze die beiden Aufgaben sinnvoll. Die Kärtchen helfen dir.
Je ein Kärtchen passt nicht. Notiere dann den Lösungsweg und die Antwort.

a)

18.15		Donnerstag		6.30
	15.30			

Lina ist in der Theater-AG. Die AG trifft sich zweimal in der Woche.

Es wird jeden Montag und jeden _____ von

_____ Uhr bis _____ Uhr geprobt.

F: Wie lange probt die AG insgesamt in einer Woche?

L:

A: _____

b)

Bücher		Seiten
	Tage	

Lina hat die Hauptrolle bekommen.

Es sind noch 36 _____ bis zur Aufführung.

Lina muss bis dahin 9 _____ auswendig lernen.

F: Wie viele Tage Zeit hat Lina, um eine Seite zu lernen?

L:

A: _____

1 Welche Frage passt? Kreuze die richtige Frage an.
Schreibe den Lösungsweg und die Antwort dazu.

a)

| Im Mitmachzirkus gibt es insgesamt 65 Sitzplätze. 38 Sitzplätze sind schon belegt. | ☐ A: Wie lange dauert die Vorstellung?
 ☐ B: Wie viele Sitzplätze sind noch frei?
 ☐ C: Wie teuer ist der Eintritt für 3 Kinder? |

L:

A: _____

b)

| Die Vorstellung beginnt um 15.30 Uhr und endet 2 Stunden später. | ☐ A: Um wie viel Uhr öffnet die Kasse?
 ☐ B: Wie lange dauert die Pause?
 ☐ C: Bis wie viel Uhr geht die Vorstellung? |

L:

A: _____

c)

| Timo hat für seinen Auftritt als Clown an 6 Tagen jeweils 10 Minuten geübt. | ☐ A: Wie lange dauert Timos Auftritt?
 ☐ B: Wie lange hat Timo insgesamt geübt?
 ☐ C: Wie viel kostet Timos Kostüm? |

L:

A: _____

1 Löse die Aufgaben.

a) Papa hat für Elli und Klaus eine Tischtennisplatte
für 68 € ersteigert. Zusätzlich hat er noch vier Schläger
und Bälle für insgesamt 25 € gekauft.

F: _____

_____

L:

A: _____

b) Lisa turnt montags und freitags jeweils von
14.30 Uhr bis 16 Uhr.

F: _____

_____

L:

A: _____

c) In Pauls Album passen 100 Fotos. 47 Fotos hat er bereits eingeklebt.

F: _____

_____

L:

A: _____

Frage – Lösungsweg – Antwort

Inhaltsverzeichnis